村上祥子の 電子レンジでらくらくパン作り
CONTENTS

本書では電子レンジ強は600W、電子レンジ弱は150、170、200Wまたは解凍キーを使用しています。
お使いの電子レンジの強が500Wの場合は加熱時間を1.2倍にしてください。
また、電子レンジの弱が本書とは違う場合または弱がない場合は15ページを参照してください。

はじめに✦✦✦4

1章
電子レンジで発酵30秒!
おうちで簡単パン作りマニュアル

基本の材料✦✦✦6　　基本の道具✦✦✦7

もう1度おさらい!基本のパン生地でプチパンを作ろう✦✦✦8

先生教えて!PART1✦✦✦14

2章
焼きたて、できたてレシピ集

基本の生地をひとまとめにすると
バゲット❖❖20
カンパーニュ❖❖24
リングパン❖❖28

基本の生地を2倍にまとめると
2山ローフの食パン❖❖32

基本の生地の水分量を増やすと
ハイジの白パン❖❖36

基本の生地の牛乳をジュースに代えると
にんじんパン❖❖40
コーヒーパン❖❖44

基本の生地をフライパンで焼くと
ナン❖❖48

基本の生地を電子レンジで蒸すと
包子❖❖52

基本の生地にバターをはさむと
クロワッサン❖❖56

先生教えて! PART2❖❖66

アプリコットデニッシュ❖❖68
クリームチーズデニッシュ❖❖72
シナモンロールデニッシュ❖❖76
ツナマヨデニッシュ❖❖80
ウィンナーデニッシュ❖❖84

基本の生地に溶き卵とバターを加えると
ブリオッシュ❖❖88
パネトーネ❖❖92

はじめに
村上祥子
Murakami Sachiko

　電子レンジの弱加熱キーを使って、30秒でパン生地作り、に成功したのが6年前。思いたってから20年もかかったのです。さらに改良に改良をかさねて、マスコミ発表にこぎつけるまでに5年かかり、やっとブックマン社から、『おうちでらくらく40分で焼きたてパン』を出版することができました。
　以来編集部には、40分でパンができるなんて半信半疑でしたが、おうちでこんなにパンが簡単にできるなんて目からウロコが落ちました。初めてのパン作りでしたが、おいしくできて家族に大好評です。などの読者カードがどっさり。
　そして、私のほうも忙しかったこと。くるわ、くるわ、ホームページに質問がわんさか。答えても、答えても、次から次へと質問が続きます。朝の某情報番組に立て続けに出演したときは、番組始まって以来という程の掲示板ネットへ書き込みがありました。
　パン作りに腕に覚えのある人も、ない人も、すぐやってみたのが30秒チン発酵のレンジパン。成功した人からは、今度は2倍作るときは？ 3倍なら？ クロワッサンは？ ブリオッシュは？ そうかと思えば、500Wのキーしかありません。天板が金属製じゃないのです。など、困ったちゃんメールもどんどん。お返事はお待たせさせないように毎日頑張ってしていますが、これが本当に大仕事。それだけに、第2弾のパンの本を出すことになったときは、心の底からうれしかったです。私の文字だけのメールやファックスより、オールカラーの手順写真つきですもの。これで皆さんも、パン名人になること間違いなし！

1章
電子レンジで発酵30秒!
おうちで簡単パン作りマニュアル

基本の材料

1✣✣✣ 強力粉
よくパン用と書かれている小麦粉です。同じ強力粉でも種類やメーカーによって、でき上がりのパンの軽さやふくらみがちがいます。私は、ニップンふっくらパン高級強力小麦粉か、ニップンふっくらパン特選強力粉ゴールデンヨットを使っています。買うときは、薄力粉と間違わないように。

2✣✣✣ 薄力粉
ケーキ用、天ぷら用と書かれている小麦粉です。軟質小麦から作るタンパク質9%以下の小麦粉のこと。水分を加えたとき、粘りが少ないのが特長。強力粉100gのところを強力粉70gと薄力粉30gにすると、グルテンもありながら伸ばしやすいパン生地に。クロワッサン生地に用います。

3✣✣✣ 牛乳
普通に売られている牛乳を使っています。牛乳アレルギーがあれば、水や豆乳に代えてもかまいません。

4✣✣✣ バター
ここでは、以前無塩バターと呼ばれていた食塩不使用のバターを使っていますが、有塩バターでもマーガリンでもかまいません。

5✣✣✣ 塩
1gなので普通の塩でかまいませんが、ここでは天然塩を使いました。

6✣✣✣ 砂糖
飾り用は別として、パン生地には普通の白い上白糖を使っています。お菓子によく使われるグラニュー糖ではありません。

7✣✣✣ ドライイースト
ここでは顆粒状のニップンふっくらパンドライイーストを使っています。予備発酵がいらないので手軽です。開封したらふたつき容器に移し、冷凍保存を。3年間有効です。

基本の道具

1 ❖❖❖ まな板
おうちでのパン作りには樹脂製のまな板が最適です。あの表面のザラつきが、パンの生地を切り分けたり、伸ばしたりするときにすべり止めの役割をします。打ち粉も少なくてすみます。

2 ❖❖❖ 耐熱樹脂ボウル・耐熱ガラスボウル
本書では、丸いジップロックコンテナー®（容量709ml/直径14cm/深さ8cm）を使用しています。耐熱140℃で電子レンジ対応のポリプロピレン製。樹脂製容器は材料を入れて箸で混ぜると生地がまとまってラクです。もちろん四角のものでも、耐熱ガラスボウルでも代用できます。

3 ❖❖❖ 泡立て器
温めた牛乳にバターを溶かす、イーストや強力粉を加えて混ぜる…など液状の材料をなめらかに混ぜるときに便利。長さ24cmのステンレス製です。

4 ❖❖❖ 箸
木製で長さが30〜35cmあると、パン生地を混ぜるとき、力をさほど入れなくてもラクにできます。もちろん生地を混ぜるだけでなく、パンにトッピングを乗せるときも活躍します。

5 ❖❖❖ 麺棒
すりこ木でも代用できますが、パンの生地を伸ばすときにぜひとも欲しい調理器具。ポリプロピレン製、長さ32cm、直径3.5cmです。表面に凸凹加工されており、生地がくっつきません。

6 ❖❖❖ ペーパータオル
不織布タイプといわれる厚手のペーパータオルが向いています。濡らして軽く水気を絞り、生地を休ませるときの乾燥防止に使います。

7 ❖❖❖ クッキングシート
両面シリコン加工した耐油紙です。シリコン加工なので、パン生地が皿や天板にくっつかず重宝します。塗り油の手間もかかりません。

8 ❖❖❖ 包丁
生地を小分けする前に等分に切り分けるスケッパーも、パン切りナイフも包丁1本ですませています。刃渡り21cmのステンレス製の洋包丁を使用。これより短くても大丈夫です。

9 ❖❖❖ カッター
文具用のカッターです。パンの生地の表面に模様をつけるための道具です。刃先にサラダ油少量をつけて切り込みを入れるとパン生地がくっつきません。

もう1度おさらい！
基本のパン生地でプチパンを作りましょう。

まず、基本のパン生地でプチパンを焼きましょう。
これでパン作りの基本工程とポイントをマスターできます。
初心者でもむずかしいことはありません。この基本のパン生地をアレンジすれば、
クロワッサンを始め、おうちでもいろいろなパンが作れるので、しっかり覚えてください。

材料[プチパン6個分]

基本のパン生地
- 強力粉✤100g
- 牛乳✤75ml
- バターまたはマーガリン✤小さじ2(8g)
- 塩✤小さじ1/5(1g)
- 砂糖✤大さじ1(9g)
- ドライイースト✤小さじ1(4g)

打ち粉用の強力粉✤適量

作り方
混ぜる

1✤✤✤
直径14cmの耐熱樹脂ボウルに牛乳とバターを入れ、
ラップをかけずに、
電子レンジ強(600W)で30秒(500W40秒)加熱する。

2✤✤✤
取り出して、泡立て器でバターを溶かす。
牛乳を温めるのは、バターが溶けやすくなり、
イーストが活性化しやすくなるためです。このとき、
牛乳が人肌(37℃)以上になったら、少し冷まします。
温度が高いとイーストが働かなくなってしまいます。
牛乳が人肌程度にならないときは、あと10秒程加熱します。
ドライイーストを加え、泡立て器で混ぜる。
塩と砂糖を加え、泡立て器で混ぜる。
強力粉の1/3量を加えて、だまにならないように混ぜる。

ここでイースト

3❖

残りの強力粉を加えて、箸でぐるぐると混ぜる。

箸で持ち上げたとき、ひとかたまりになればよい。

＊ここで力いっぱい混ぜないほうが、
電子レンジの発酵はスムーズにいきます。

POINT

持ち上げたときにひとかたまりになる程度で。混ぜ過ぎないこと。

一次発酵

4❖

生地にクッキングシートを軽くかける。

電子レンジ弱(150〜200W)で30秒加熱し、弱い刺激を与える。
これで一次発酵終了。

5❖

基本の生地ができ上がる。

成形

6 ❖❖❖
まな板に打ち粉をして生地を取り出し、
上からも強力粉をふりかけ、包丁にも粉を少しつけて、
放射状に6等分する。

7 ❖❖❖
切り口を中に巻き込むようにして丸く形を整える。

8 ❖❖❖
閉じ目は指先でつまんでしっかり合わせる。

9 ❖❖❖
まな板の上に間をあけて並べ、
クッキングシートと水で濡らしたペーパータオルをかぶせ、
2倍の大きさになるまで室温に10分程おく(ベンチタイム)。

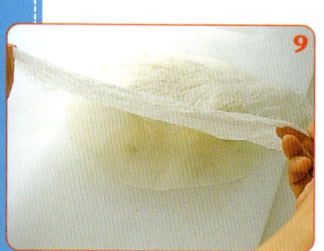

10 ❖❖❖
まな板のあいているところに軽く打ち粉をして9を置き、
3本の指で軽く押さえてガス抜きをする。

11 ❖❖❖
周囲の生地を内側に寄せながら丸めて、
合わせ目は指でつまんで閉じる。

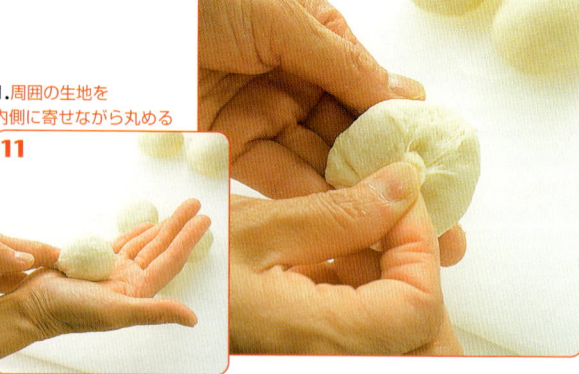

1. 周囲の生地を内側に寄せながら丸める

2. 合わせ目は指でつまんで閉じる

弱で30秒

室温に10分おく

二次発酵

12 ❖❖❖
耐熱皿にクッキングシートを敷き、皿の縁にそって
11を間をあけて並べ、上にクッキングシートをかける。

13 ❖❖❖
ターンテーブルに乗せ、電子レンジ弱（150～200W）で
30秒加熱し、弱い刺激を与える。

14 ❖❖❖
皿を取り出し、下に敷いたクッキングシートごと
（上のシートもそのまま）天板に移し、
上に水で濡らしたペーパータオルをかぶせ、2倍の大きさ
になるまで室温に10分程おく（ベンチタイム）。
これで二次発酵終了。
ふくらみが悪いときは、さらに10分おく。

P O I N T
2倍にふくらめばOK。

焼く

15 ✣✣✣
上のペーパータオルとクッキングシートを取り、茶こしで打ち粉をかけて180℃に温めたオーブンで10～12分焼く。

16 ✣✣✣
さあ焼けました。表面はふっくら香ばしく、
中はきめ細かくソフトな口あたり。
実にみごとなパンのでき上がり。

1.打ち粉をかける

2.10～12分焼く

でき上がり

Q1

なぜこんなに早くパンが作れるようになったのですか？
電子レンジの中では何が起こっているの？

　原理はこうです。小麦粉の成分は、主にタンパク質とデンプンと糖類と糖化酵素。そこへ水とイーストを加えて混ぜます。全体に混ざった程度で、電子レンジに入れて弱（150〜200W）で30秒加熱します。たったこれだけで、一次発酵が終了。

　電子レンジの中で何が起こっているかというと、生地に電磁波の軽い刺激があたり、水分がタンパク質にもデンプンや糖類のほうにもジリジリとしみわたっていき、眠っていたイーストが生地の熱（37℃）で目を覚まし、発酵活動を始めます。デンプンに水がしみわたったことで、小麦粉が本来もっている糖化酵素アミラーゼの力で分解を始め、できたブドウ糖や果糖、その他の糖類をエサにして、活動を開始。糖は二酸化炭素と水に分解。この二酸化炭素がパンのふくらみのもとになるガス。一方でグルテニンとグリアジンという二種の小麦タンパクが水と結合して、生麩の原料・グルテンという組織を作り、これが二酸化炭素のガスで膨張。電子レンジの中では、ここまでの作業がすすみます。

　あとはガス抜きや成形などパン作りに必要な作業を行い、オーブンで焼き上げると、グルテンとデンプンも熱で固まってパンができ上がるという仕組み。

　従来3時間かかっていたパン作りが、40分から1時間のスピードアップに貢献したのが、生地をこねないことと、電子レンジを使った発酵だったのです。

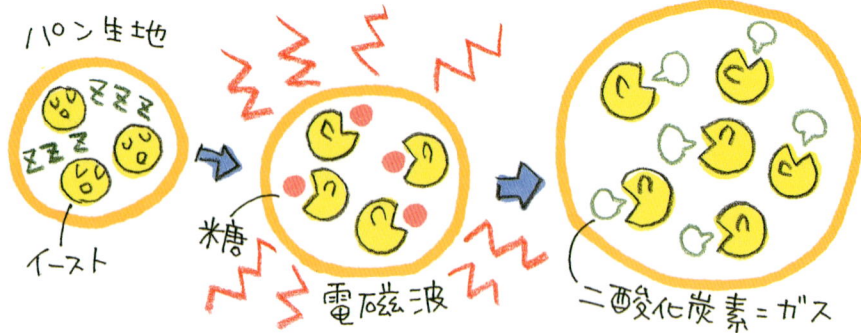

Q2
生地がうまくふくらみませんでした。どうして？

A

次のことを再チェックして下さい。

1 あなたの電子レンジ弱のキーは何Wですか？
本書では、150W、170W、200Wまたは解凍キーを使っています。
加熱時間は30秒です。250Wや300Wのときは、15〜20秒加熱。
90W、110Wのときは、40〜50秒加熱して下さい。
500Wや600Wの強のキーしかないレンジの場合は、10〜15秒で試して下さい。

2 次は、生地の混ぜ方。
プルンと弾力が出る程、まとまってしまっていませんか。
粉と水分がやっと混ざった程度がよいのです。混ぜ過ぎると、
グルテンができ過ぎて生地の水分を取り込み、でんぷんを分解するための水が足りなくなって、
イーストがえさ不足になってしまい、それでふくらまなくなってしまうのです。

3 そして水分。
同じ強力粉でも、メーカーによってブレンドの割合が違います。
ニップンのゴールデンヨットだったら、牛乳75mlがベスト。
日清のカメリアだったら、牛乳75mlを85mlに。
国産のハルユタカでしたら、牛乳75mlを65mlにして下さい。

Q3
生地の量は2倍、3倍にできますか？
その場合、電子レンジの加熱時間は？

A

箸で混ぜるパン生地作りの適量は3倍までが作りやすいと、目下のところ思っています。当然、容器も大きくする必要があり、大きめの耐熱ガラスボウルを使って下さい。できた生地が粉っぽいときは、少し牛乳を足します。箸で混ぜづらいときは、まな板に取り出して、指先で軽くまとめて下さい。くれぐれもこねないで下さい。

小麦粉を2倍、3倍にしたら、他の材料も2倍、3倍にして下さい。
牛乳の温めは、様子をみて時間を少し足して下さい。人肌程度（37℃）に温まればOKです。
発酵時間は、生地が2倍になっても3倍になっても、弱キーで30秒です。

Q4
生地の量が増えたら、室温におく時間(ベンチタイム)も長くなりますか?

A

　生地の量が2倍以上のときは、室温におく時間(ベンチタイム)は本書の10分を20分にして下さい。3倍のときも、20分で十分です。
　余談ですが、生地が等倍量のときでも、10分のベンチタイムを終えてもふくらみが足りないときは、10分を20分に延長してみて下さい。

Q5
室温とは何度くらいですか?

A

　25℃前後を指します。
　ということは、室内が涼しかったり、寒かったりしたときは、生地のベンチタイムを10分から20分に延長して下さい。
　25℃より室温が高ければ、生地のベンチタイムはやや短くなることもあります。

Q6
焼き上げたパンを冷凍できますか?

A

　粗熱を取ったあと、ポリ袋に入れて冷凍します。
食パンやバゲットなどの大型パンは、スライス、または使いやすいサイズにカットしてから冷凍します。
　食パンは凍ったまま、トースターで焼きます。
　その他の小型パンは、1個につき電子レンジ強(600W)5〜10秒(500W10〜15秒)で解凍し、そのあとスイッチを切ったオーブントースターに4〜5分入れて余熱でパリッとさせます。
　おやつ系、おかず系の具の入っているパンも、冷凍できます。

Q7
成形したパン生地を冷凍したいときはどうすればいいですか?

A
一次発酵後、10分ベンチタイムを取ったあと、金属バットに並べて、ラップをかけて、ただちに冷凍します。

Q8
解凍、発酵、焼き上げはどうすればいいですか?

A
1❖耐熱皿にクッキングシートを敷いた上に中央をあけて生地を並べます。

2❖ラップをかけずに、弱のキーで4分加熱して、解凍と二次発酵を同時におこないます。

3❖そのあと天板に移し、クッキングシートと濡らしたペーパータオルをかぶせ、室温に20分おきます(ベンチタイム)。

4❖180〜200℃に温めたオーブンで焼きます。

揚げパンの場合は、室温におく時間(ベンチタイム)は取らずに、解凍したらすぐ、低温の油で揚げはじめます。

本書の小麦粉100gで作るパン生地は200gできます。4個に分けたり、6個に分けたり、ひとかたまりで成形したりとさまざまですが、生地1単位(小麦粉100g分)につき、電子レンジ弱のキーで4分加熱で、解凍と二次発酵をすませます。

Q9
市販のパンよりも、イーストの匂いがきついような気がしますが？

A

　たしかにイーストの量はふつうより多めにしています。家庭で作るパンですから、子どもでもお年寄りでもできるように、キリのよい数字にしました。こねなくても、発酵時間がたったの30秒でもパンがふっくらできるということです。

　しかし、パン生地のふくらみが足りないと、イーストが十分に働いていないということになり、イーストの匂いも強くなります。室温におく時間（ベンチタイム）を10分から20分に延長してみて下さい。

　十分に生地を発酵させても、まだ匂いがきついと感じられるようでしたら、小さじ2/3に減らして下さい。

Q10
パン生地をオーブンに入れるとすぐ焼き色がつきます。ふくらみも悪いようですが？

A

　メーカーによって、オーブンも電子レンジも仕様がさまざまです

　オーブンレンジの場合、セラミックのターンテーブルが金属製の天板代わりに使われている機種がありますが、熱の伝導率が低いので、パン焼きには不向きです。

　パンはできたら金属製の天板で焼いて下さい。でなければ、下にアルミホイルを敷くと熱のまわり方がよくなります。

　天板を上段に入れていませんか？　中または、下段に下げると、10～12分後にちょうどよい焼き色になると思います。

　それでも焼き色がすぐつく場合は、200℃の方は180℃に。180℃で焼いている方は160℃に下げてみて下さい。

2章
焼きたて、できたて レシピ集

基本の生地を**ひとまとめ**にすると ①

水分を吹きかけて焼き、パリッとした外皮を!

バゲット

| 1個 | 525 kcal | 塩分 1.1g |

材料［25cm長さのもの・1個分］
基本の生地（一次発酵したもの）❖ 全量
打ち粉用強力粉 ❖ 適量

B A G U E T T E

作り方

1 ❖❖❖

打ち粉をしたまな板に一次発酵した生地を取り出し、丸めなおし、底の生地をしっかりとくっつける。

2 ❖❖❖

クッキングシートと水で濡らしたペーパータオルをかぶせ、室温に10分おく（ベンチタイム）。
このときふくらみが足りないようなら、さらに10分おく。

3

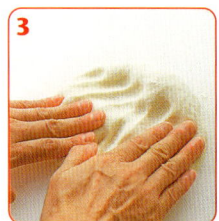
1.手で押さえてガスを抜く

2.向こう側を中心に向かって折り曲げ指で押さえる

3.手でたたいてガスを抜く

4.手前側を中心に向かって折り曲げ

5.指で押さえて手でたたいてガスを抜く

6.さらに2つに折って

7.合わせ目を閉じる

4

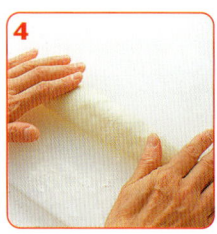

5

1.対角線上に生地を乗せる

2.両端を合わせ中央でねじる

3 ❖❖❖
軽く打ち粉をしたまな板に乗せて、
手で押さえながらガスを抜く。
手で15×20cmのだ円形に伸ばす。
向こう側を中心に向かって折り曲げ、指で押さえ、
手でたたいてガスを抜く。
手前側を中心に向かって折り曲げ、
指で押さえて手でたたいてガスを抜く。
さらに2つに折って合わせ目を閉じる。

4 ❖❖❖
ころがして、25cmの長さに伸ばす。

5 ❖❖❖
30×30cmのクッキングシートの対角線上に生地を乗せ、
左右両端をつまんでねじる。
残った両端を合わせ、中央でねじる。

6 ❖❖❖
ターンテーブルに乗せて、電子レンジ弱（150～200W）で
30秒加熱し、弱い刺激を与える。

7 ❖❖❖
クッキングシートごと天板に移し、
水で濡らしたペーパータオルをかぶせ、
2倍の大きさになるまで室温に20分おく（ベンチタイム）。
これで二次発酵終了。

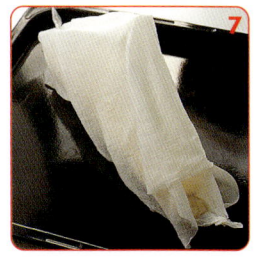

8 ❖❖❖
クッキングシートのねじり目をといて、平らにする。

9 ❖❖❖
カッターで6本斜めに7～8cm長さの切り込みを入れ、
霧吹きで水をたっぷり吹きかける。

1. カッターで切り込みを入れる　**2.** 霧吹きでたっぷり水をかける

10 ❖❖❖
180℃に温めたオーブンで、15～20分焼く。
途中で、表面が乾いてきたら、刷毛で強力粉をつけると、
バゲットが乾かずに焼き色がしっかりつく。

B A G U E T T E

基本の生地を **ひとまとめに** すると ❷

丸く平たく焼くだけで味も違って。
カンパーニュ

[1個] [525kcal] [塩分 1.1g]

材料［15cm丸型・1個分］
基本の生地（一次発酵したもの）❖ 全量
打ち粉用強力粉 ❖ 適量

P A I N ❖ D E ❖ C A M P A G N E

作り方

1 ❖❖❖
打ち粉をしたまな板に一次発酵した生地を丸めなおし、底の生地をしっかりとくっつける。

2 ❖❖❖
クッキングシートと水で濡らしたペーパータオルをかぶせ、2倍の大きさになるまで室温に10分おく（ベンチタイム）。このときふくらみが悪いようなら、さらに10分おく。

3 ❖❖❖

軽く打ち粉をしたまな板に乗せて、
両手で押さえてガスを抜く。
手で押さえて直径15cmの円形に伸ばす。
まわりを寄せて、直径12cmにまとめ、
合わせ目を指でつまんでしっかり閉じ合わせる。

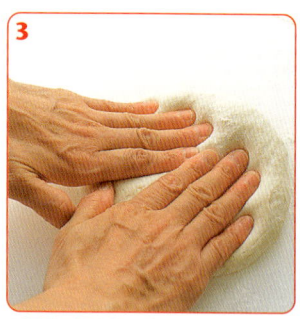

1. 両手で押さえてガスを抜きながら15cmの円形に伸ばす

2. 合わせ目をしっかり閉じる

4 ❖❖❖

耐熱皿にクッキングシートを敷き、
打ち粉を軽くふるいかける。
生地の合わせ目を上にして乗せて、
手のひらで押して表面に粉をつける。

5 ❖❖❖

上にクッキングシートをかけてターンテーブルに乗せる。

6 ❖❖❖
電子レンジ弱(150〜200W)で30秒加熱し、
弱い刺激を与える。

7 ❖❖❖
皿を取り出して、
下に敷いたクッキングシートごと天板に移す。
上にクッキングシートと
水で濡らしたペーパータオルをかぶせ、
2倍の大きさになるまで室温に20分おく(ベンチタイム)。
これで二次発酵終了。

1. カッターで格子状に
切り込みを入れる

2. パンにはかからないように
天板に水を吹きかける

8 ❖❖❖
ペーパータオルを取り、
クッキングシートごと生地の上下を返し、
上側のクッキングシートをはずす。
カッターで4本ずつ切り込みを格子状に入れる。
このとき、切り込みは2回ずつ繰り返すと、
焼き上げたとき大きめに口が開く。
パン自体にはかからないように気をつけて、
天板にたっぷりと霧吹きで水を吹きかける。

9 ❖❖❖
180℃に温めたオーブンで15〜20分焼く。

PAIN ❖ DE ❖ CAMPAGNE

基本の生地を**ひとまとめ**にすると ③

アーモンドの香りとアイシングの甘味。
リングパン

 1個 748kcal 塩分1.1g

材料［直径20cmリング型・1個分］
基本の生地（一次発酵したもの）❖ 全量
打ち粉用強力粉 ❖ 適量
アイシング
「粉砂糖 ❖ 1/3カップ
 水 ❖ 小さじ1
 スライスアーモンド（フライパンで乾煎りし、手で砕く）❖ 大さじ4

R I N G ❖ B R E A D

1

作り方

1 ❖❖❖
打ち粉をしたまな板に、一次発酵した生地を取り出し、包丁に強力粉を少しつけて2等分する。

2❖❖❖

切り口を中に巻き込むようにして丸く形を整え、
閉じ目は指先でつまんでしっかり合わせる。
残りの生地も同様にする。

1.切り口を中に巻き込むようにして丸く形を整える

2.閉じ目はしっかり合わせる

3❖❖❖

まな板の上に間をあけて並べ、
クッキングシートと水で濡らしたペーパータオルをかぶせ、
2倍の大きさになるまで室温に10分程おく(ベンチタイム)。
このとき、ふくらみが足りないようなら、さらに10分おく。

4❖❖❖

まな板のあいているところに、
軽く打ち粉をして3を置き、指で軽く押さえてガス抜きをし、
手で15×20cmに長方形に伸ばす。

5❖❖❖

細長く巻いて、端をつまんで閉じ、両手でころがして
1本を25cm長さに伸ばす。残りの生地も同様に作る。

1.ガス抜きをする

2.手で長方形に伸ばす

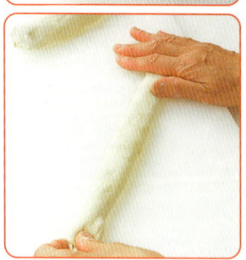

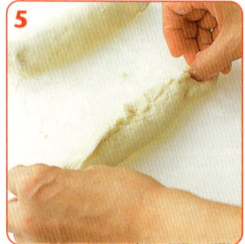
1.細長く巻いて、端をつまんで閉じる

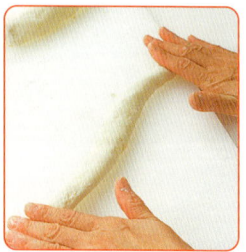
2.両手でころがして1本を25cm長さに伸ばす

6

2本を合わせて、中央からねじっていく。
残りの部分もねじっていく。

7

リング状にまとめ、端を重ねて閉じる。

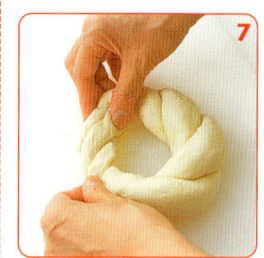

8

耐熱皿にクッキングシートを敷いて7を乗せ、
上にクッキングシートをかける。

9

ターンテーブルに乗せ、電子レンジ弱(150~200W)に
30秒加熱し、弱い刺激を与える。

10

皿を取り出し、下に敷いたクッキングシートごと
(上のシートもそのまま)天板に移し、
上に水で濡らしたペーパータオルをかぶせ、
2倍の大きさになるまで
室温に20分程おく(ベンチタイム)。これで二次発酵終了。

11

上のペーパータオルとクッキングシートを取り、
160℃に温めておいたオーブンで15~20分焼いて、
粗熱を取る。

12

粉砂糖を水でかたにに練ったアイシングを
パンの表面に塗り、スライスアーモンドを散らす。

R I N G ✦ B R E A D

> 基本の生地を**2倍**にまとめると

定番ながら、かけがえのないおいしさ。
2山ローフの食パン

1個 | 1049 kcal | 塩分 1.1g

材料 [8.5×7.5×27cmのパウンド型・1個分]
強力粉❖200g　牛乳❖150ml
バターまたはマーガリン(無塩タイプ)❖小さじ4(16g)
塩❖小さじ2/5(2g)　砂糖❖大さじ2(18g)
ドライイースト❖小さじ2(8g)
打ち粉用の強力粉❖適量　バター(無塩タイプ)❖少々(つや出し用)

D O U B L E ❖ L O A F ❖ B R E A D

作り方

1❖❖❖
直径14cmの耐熱樹脂ボウルに牛乳とバターを入れ、
ラップをかけずに、電子レンジ強(600W)で
50秒(500W1分)加熱する。

2❖❖❖
取り出して、泡立て器でバターを溶かす。
このとき牛乳が人肌(37℃)以上になったら、少し冷まします。
牛乳が人肌程度にならないときは、あと10秒程加熱します。
ドライイーストを加え、泡立て器で混ぜる。
塩と砂糖を加え、泡立て器で混ぜる。
強力粉の1/3量を加えて、だまにならないように混ぜる。

1. 手で押さえてガスを抜く

2. 麺棒で長方形に伸ばす

3 ✤✤✤
残りの強力粉を加えて、箸でぐるぐると混ぜる。
箸で持ち上げたとき、ひとかたまりになればよい。

4 ✤✤✤
生地にクッキングシートを軽くかける。
電子レンジ弱(150〜200W)で30秒加熱し、
弱い刺激を与える。これで一次発酵終了。

5 ✤✤✤
打ち粉をしたまな板に、一次発酵した生地を取り出し、
包丁に強力粉を少しつけて2等分する。

6 ✤✤✤
切り口を中に巻き込むようにして丸く形を整え、
閉じ目は指先でつまんでしっかり合わせる。

7 ✤✤✤
まな板の上に間をあけて並べ、
クッキングシートと水で濡らしたペーパータオルをかぶせ、
2倍の大きさになるまで室温に10分程おく(ベンチタイム)。
このとき、ふくらみが足りないようなら、さらに10分おく。

8 ✤✤✤
まな板のあいているところに軽く打ち粉をして生地を置き、
指で軽く押さえてガス抜きをし、
麺棒で15×25cmの長方形に伸ばす。

9 ✤✤✤
手前を中央に折り、向こう側も折り返して細長くまとめ、
端からぐるぐると巻く。
残りの生地も同じように伸ばして、形を整える。

DOUBLE ✤ LOAF ✤ BREAD

1. 左側を中央に折り　**2.** 右側も折り返して細長く　**3.** 端からぐるぐる巻く

10 ❖❖❖
パウンド型にクッキングシートを敷き、
側面にバターを塗る。
生地2個を巻き終わりを下にして、
渦巻きの形が側面にくるように並べてパウンド型に入れる。

11 ❖❖❖
クッキングシートをかけて、ターンテーブルに乗せる。

12 ❖❖❖
電子レンジ弱(150〜200W)で1分加熱し、弱い刺激を与える。
＊金属製のパウンド型に生地が入っているので、時間は2倍になる。

13 ❖❖❖
取り出して、クッキングシートと水で濡らした
ペーパータオルをかぶせ、2倍の大きさになるまで
室温に20分程おく(ベンチタイム)。これで二次発酵終了。
このとき、クッキングシートに生地がくっつくときは、
生地の表面に刷毛でサラダ油を塗るとよい。

14 ❖❖❖
オーブンの焼き網にパウンド型を乗せ、
160℃に温めておいたオーブンに入れ、20〜25分焼く。

15 ❖❖❖
丸めたラップにバターをつけて、パンが熱いうちに
表面にうすく塗ると、つやがよくなるし、乾燥防止にもなる。
＊オーブン付属の焼き網がない場合
天板にパウンド型をじか置きすると、下側の熱の回りが弱くなる。
天板と型の間に金属製のスノコなどを置いて、型の底にも熱気があたる
工夫を。また、パウンド型はアルミホイル製のものでもよい。

基本の生地の **水分量を増やすと**

この人気は!? まっ白ふわふわパン。
ハイジの白パン

1個 169kcal 塩分 0.3g

材料 [**3個分**]
- 熱湯 ❖ 50ml
- 強力粉 ❖ 20g
- 強力粉 ❖ 80g
- 牛乳 ❖ 50ml
- バターまたはマーガリン ❖ 小さじ2（8g）
- 塩 ❖ 小さじ1/5（1g）
- 砂糖 ❖ 大さじ1（9g）
- ドライイースト ❖ 小さじ1（4g）
- 打ち粉用の強力粉 ❖ 適量

H E I D I ' S ❖ W H I T E ❖ B R E A D

作り方

1 ❖❖❖
熱湯50mlに強力粉20gを加えて混ぜ、糊状にして冷ます。

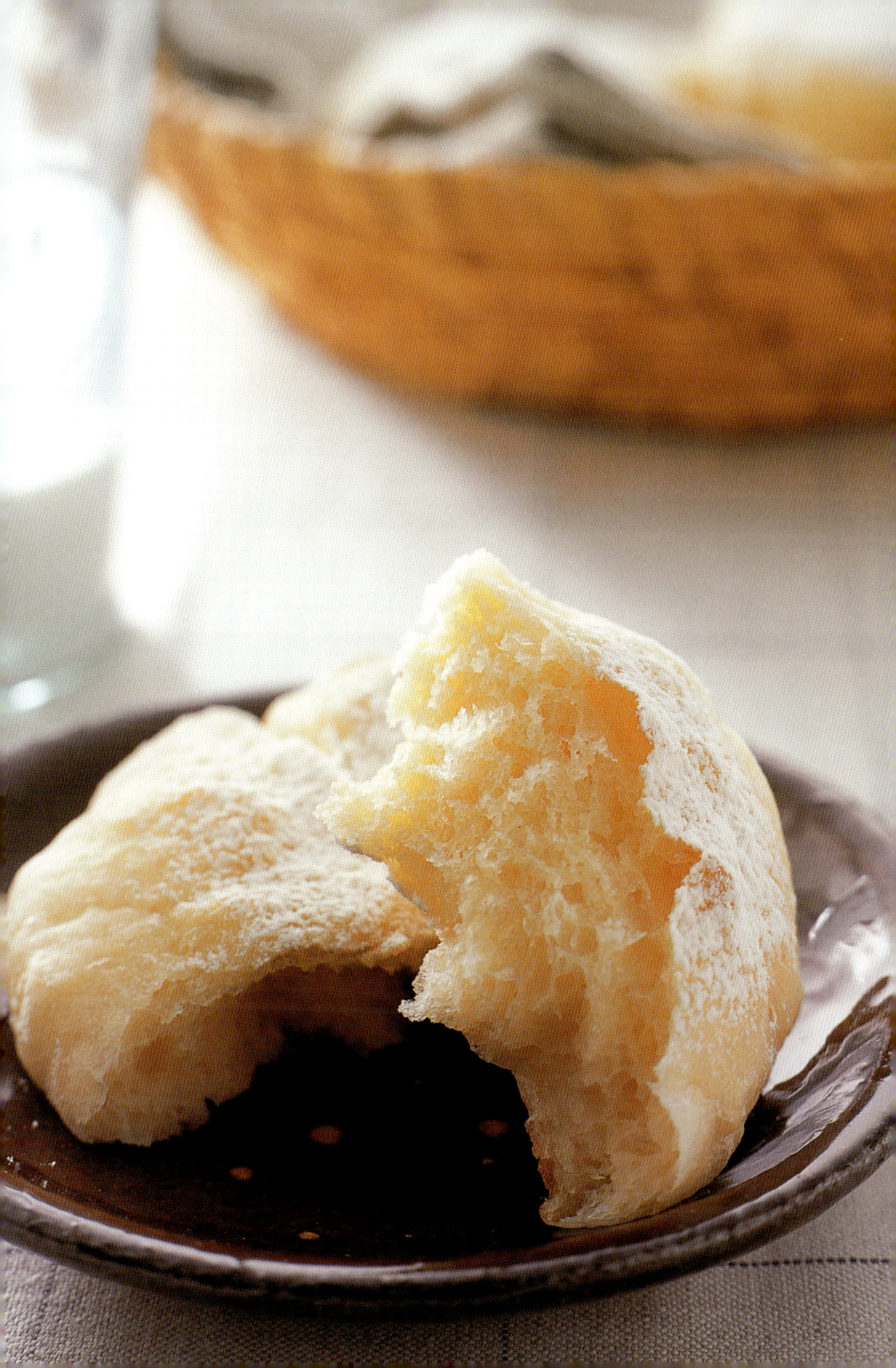

HEIDI'S ✣ WHITE ✣ BREAD

2✣✣✣
直径14cmの耐熱樹脂ボウルに牛乳とバターを入れ、
ラップをかけずに、電子レンジ強(600W)で20秒加熱する。
取り出して、泡立て器でバターを溶かす。
このとき牛乳が人肌(37℃)以上になったら、少し冷まします。
牛乳が人肌程度にならないときは、あと10秒程加熱します。

3✣✣✣
糊状になっている**1**を加えて混ぜる。

4✣✣✣
ドライイーストを加え、泡立て器で混ぜる。
次に塩と砂糖を加え、泡立て器で混ぜる。
強力粉の1/3量を加えて、だまにならないように混ぜる。

5✣✣✣
残りの強力粉を加えて、箸でぐるぐると混ぜる。
箸で持ち上げたとき、ひとかたまりになればよい。
＊ここで力いっぱい混ぜないほうが、
電子レンジの発酵はスムーズにいきます。

6✣✣✣
生地にクッキングシートを直接にではなく、上にかける。

7✣✣✣
電子レンジ弱(150〜200W)で30秒加熱し、
弱い刺激を与える。
これで一次発酵終了。

8✣✣✣
電子レンジから取り出した生地はとてもやわらかいので、
一次発酵後、ボウルに入れたままクッキングシートと
水で濡らしたペーパータオルをかぶせる。
2倍の大きさになるまで室温に約20分おく(ベンチタイム)。

9 ❖❖❖
幅25×30cmのアルミ箔を切って、細長く3回折りたたむ。
輪にして端をホチキスでとめて、リングを3個作る。
型の内側にサラダ油(材料外)を塗っておく。

1. アルミ箔を切って3回折る

2. 輪にして端をホチキスでとめてリングを作る

10 ❖❖❖
耐熱皿にクッキングシートを敷き、9を乗せる。
8の生地をゴムべらでつぶし、等分にリングに移し、
上にクッキングシートをかける。

1. ゴムべらで生地をつぶす　**2.** 等分にリングに移す

11 ❖❖❖
ターンテーブルに乗せ、
電子レンジ弱(150～200W)で1分加熱し、
弱い刺激を与える(アルミ箔を使っているので30秒より長い)。

12 ❖❖❖
11を取り出し、下に敷いたクッキングシートごと
天板にすべらせて移す(上のシートもそのまま)。
その上に水で濡らしたペーパータオルをかぶせ、
2倍の大きさになるまで室温に10～20分おく(ベンチタイム)。
これで二次発酵終了。

13 ❖❖❖
上のペーパータオルとクッキングシートを取って、
茶こしで打ち粉(強力粉)をふりかける。
いつもよりはやや高い220℃に温めたオーブンに入れて、
8～10分、火は通っているけれど、
あまり色づかない程度に焼き、取り出してリングをはずす。

基本の生地の
牛乳を
ジュースに
代えると
①

クチュッと甘～いにんじんのペースト入り。

にんじんパン

1/6個 **98kcal** **塩分 0.2g**

材料［10×16cmの1個分］
強力粉◆100g　にんじんジュース（市販）◆75ml
バターまたはマーガリン（無塩タイプ）◆小さじ2（8g）
塩◆小さじ1/5（1g）　砂糖◆大さじ1（9g）
ドライイースト◆小さじ1（4g）　打ち粉用の強力粉◆適量
にんじんペースト
［にんじん◆1本（すりおろし）　はちみつ◆小さじ2　塩◆少々

C A R R O T ✢ B R E A D

作り方

1 ✽✽✽

耐熱ボウルににんじんペーストの材料を入れてラップをかけ、電子レンジ強（600W）で2分（500W2分30秒）加熱。取り出して、冷ましておく。直径14cmの耐熱樹脂ボウルににんじんジュースとバターを入れ、ラップをかけずに、電子レンジ強（600W）で30秒（500W40秒）加熱する。

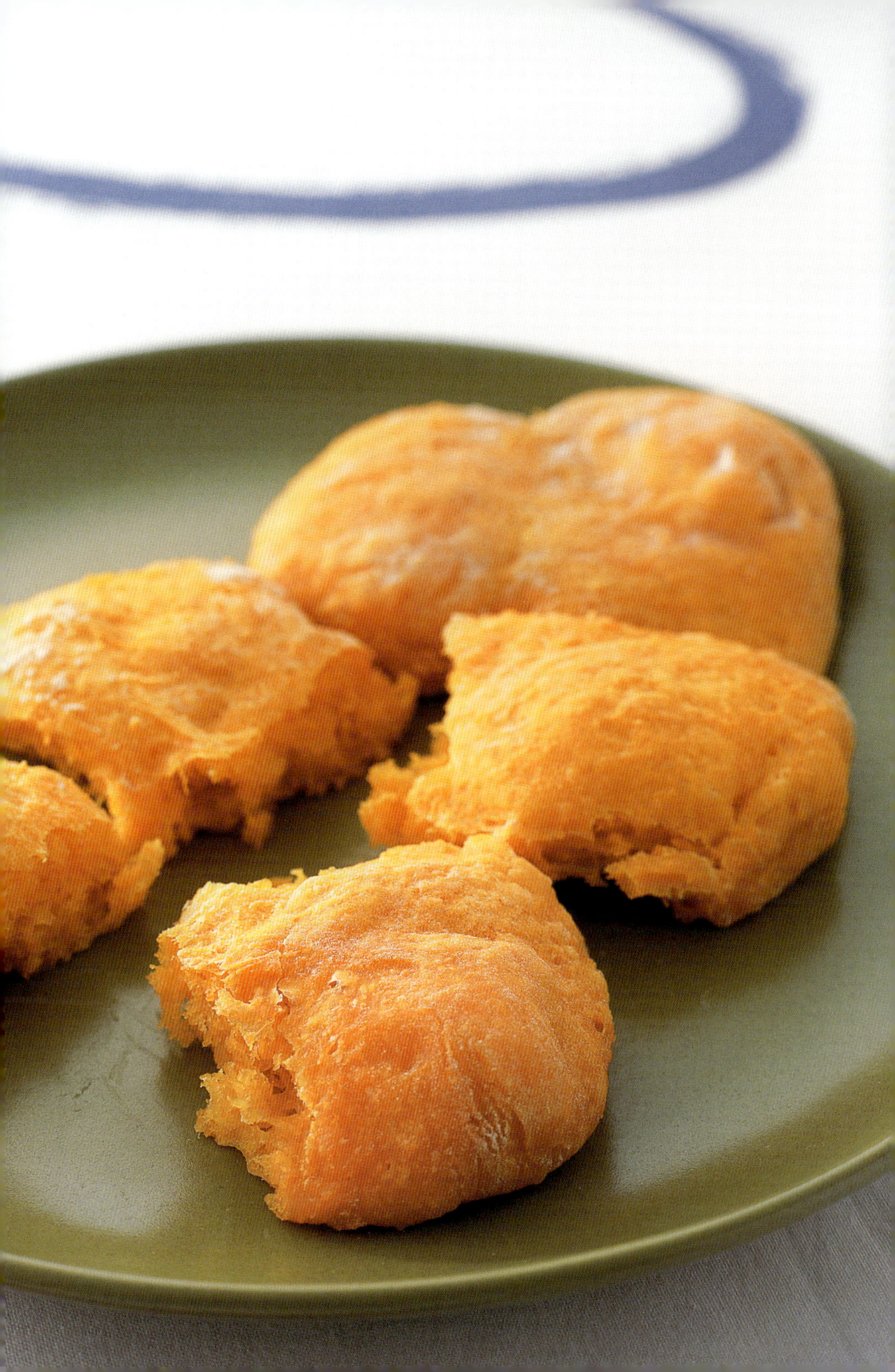

2

取り出して、泡立て器でバターを溶かす。
ジュースを温めるのは、バターが溶けやすくなり、
イーストが活性化しやすくなるためです。
このときジュースが人肌(37℃)以上になったら、
少し冷まします。
温度が高いとイーストが働かなくなってしまいます。
ジュースが人肌程度にならないときは、あと10秒程
加熱します。にんじんペーストを加えて混ぜる。
ドライイーストを加え、さらによく混ぜる。塩と砂糖、
強力粉の1/3量を加えて、だまにならないように混ぜる。

3

残りの強力粉を加えて、箸でぐるぐると混ぜる。
箸で持ち上げたとき、ひとかたまりになればよい。
このとき生地にムラがあるようなら、
ゴムべらで軽くまとめるとよい。

1. 箸でぐるぐる混ぜる　　2. 生地ムラはゴムべらでまとめる

4

クッキングシートを軽くかけて、
電子レンジ弱(150〜200W)で30秒加熱して、
弱い刺激を与える。
これで一次発酵終了。

5

打ち粉をしたまな板に、生地を取り出し、
ゴムべらで6等分する。

CARROT ✦ BREAD

1. 生地を丸める　　**2.** 丸めた生地を並べシートの両端をねじる　　**3.** 残りの角を、合わせて上でねじる　　**4.** 水で濡らしたペーパータオルをかぶせる

6 ✿✿✿
5の生地を丸める。
30×30cmのクッキングシートの対角線で折り、
3個ずつ並べる。
シートの両端をねじり、残りの角をつきあわせてねじる。
水で濡らしたペーパータオルをかぶせ、
2倍の大きさになるまで室温に10分程おく(ベンチタイム)。
このとき、ふくらみが足りないようなら、
さらに10分おく。

7 ✿✿✿
ターンテーブルに6を乗せ、
電子レンジ弱(150～200W)で30秒加熱し、
弱い刺激を与える。

8 ✿✿✿
クッキングシートごと天板に移し、
上に水で濡らしたペーパータオルをかぶせ、
2倍の大きさになるまで室温に10分程おく(ベンチタイム)。
これで二次発酵終了。
ふくらみが悪いときは、さらに10分おく。

9 ✿✿✿
ペーパータオルを取り、天板のクッキングシートを
ねじったところをといて広げ、
180℃に温めたオーブンで12～15分焼く。

基本の生地の牛乳を**ジュース**に代えると❷

コーヒーのストレートでシンプルな風味。
コーヒーパン

1個 / 150kcal / 塩分 0.2g

材料［4個分］
強力粉❖100g
コーヒー（無糖・市販）❖75ml
バターまたはマーガリン（無塩タイプ）❖小さじ2（8g）
塩❖小さじ1/5（1g）　砂糖❖大さじ1（9g）
ドライイースト❖小さじ1（4g）　打ち粉用の強力粉❖適量

フォンダン
［粉砂糖❖大さじ5　コーヒー❖小さじ1
　インスタントコーヒー（粉）❖小さじ1/2

COFFEE ❖ BREAD

作り方

1❖❖❖
直径14cmの耐熱樹脂ボウルにコーヒーとバターを入れ、ラップをかけずに電子レンジ強(600W)で30秒(500W40秒)加熱する。

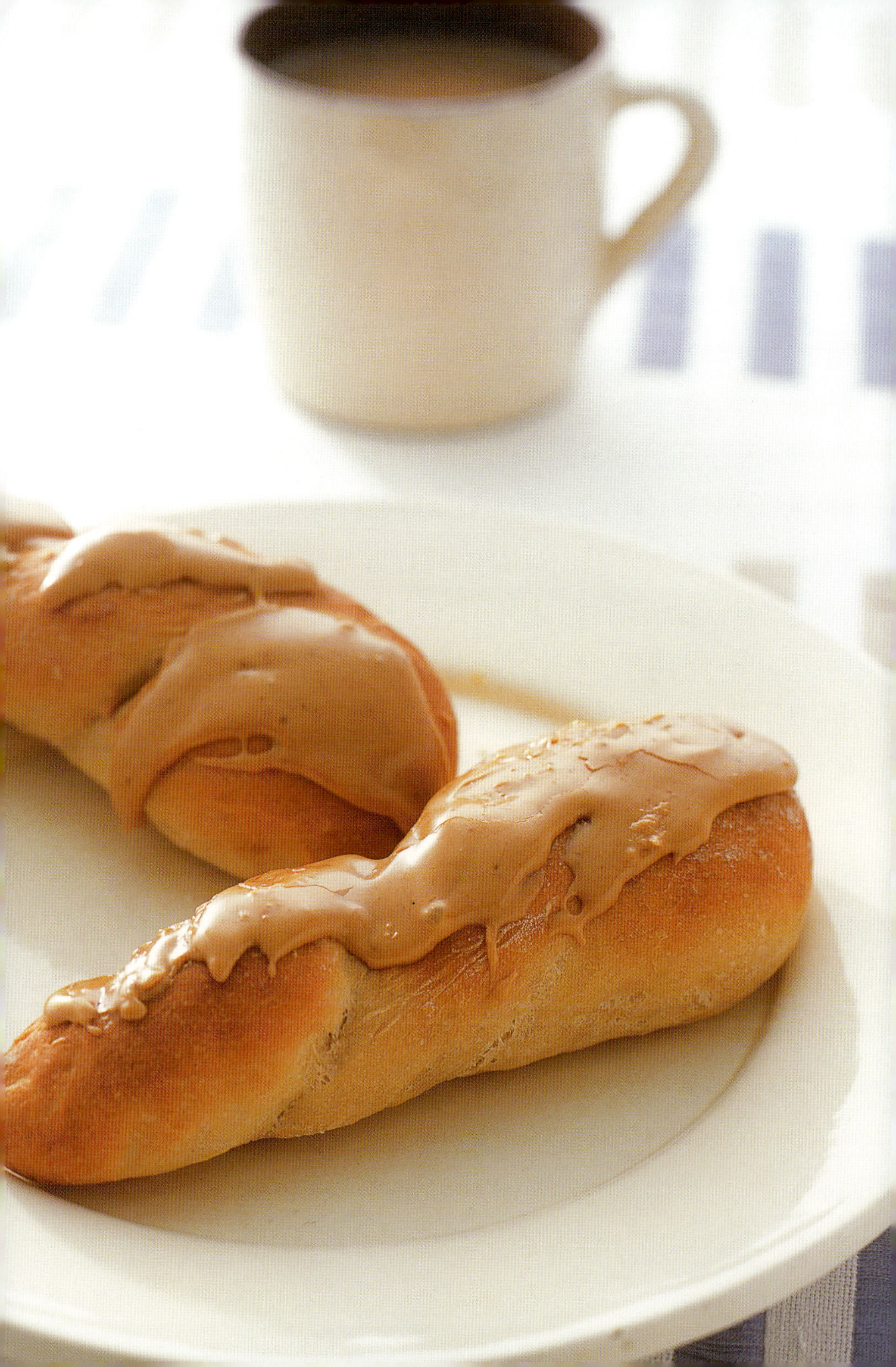

2✿✿✿
取り出して、泡立て器でバターを溶かす。
コーヒーを温めるのは、バターが溶けやすくなり、
イーストが活性化しやすくなるためです。
このときコーヒーが人肌(37℃)以上になったら、
少し冷まします。
温度が高いとイーストが働かなくなってしまいます。
コーヒーが人肌程度にならないときは、
あと10秒程加熱します。
ドライイーストを加え、泡立て器で混ぜる。
塩と砂糖、強力粉の1/3量を加えて、
だまにならないように混ぜる。

3✿✿✿
残りの強力粉を加えて、箸でぐるぐると混ぜる。
箸で持ち上げたとき、ひとかたまりになればよい。

4✿✿✿
生地にクッキングシートを軽くかける。

5✿✿✿
電子レンジ弱(150〜200W)で30秒加熱し、弱い刺激を与える。
これで一次発酵終了。

6✿✿✿
打ち粉をしたまな板に、生地を取り出し、
包丁に強力粉を少しつけて4等分する。

7✿✿✿
切り口を中に巻き込むようにして丸く形を整え、
閉じ目は指先でつまんでしっかり合わせる。

8✿✿✿
まな板の上に間をあけて並べ、クッキングシートと水で
濡らしたペーパータオルをかぶせ、
2倍の大きさになるまで室温に10分程おく(ベンチタイム)。
このとき、ふくらみが足りないようなら、さらに10分おく。

1. 切り口を巻き込むように丸く形を整える
2. 閉じ目はつまんで合わせる

9✣✣✣

まな板のあいているところに軽く打ち粉をして、**8**を置き、3本の指で押さえてガス抜きする。横長に置き、向こう側と手前からと折り返して、指で押さえてガス抜きしながら、10×3cmの棒状に形を整える。まな板に置き、両手でころがしながら長さ23〜25cmのひも状に伸ばす。

10✣✣✣

中央から2つに折り、両サイドをねじり、最後を指でつまんでとめ合わせる。

11✣✣✣

耐熱皿にクッキングシートを敷き、**10**を並べる。上にクッキングシートをかける。

12✣✣✣

ターンテーブルに乗せ、電子レンジ弱（150〜200W）で30秒加熱し、弱い刺激を与える。

13✣✣✣

12を取り出し、下に敷いたクッキングシートごと（上のシートもそのまま）天板に移し、上に水で濡らしたペーパータオルをかぶせ、2倍の大きさになるまで室温に10分程おく。これで二次発酵終了。ふくらみが悪いときは、さらに10分おく。

14✣✣✣

ペーパタオルとクッキングシートを取り、180℃に温めたオーブンで10〜12分焼く。

15✣✣✣

パンの粗熱が取れたら、粉砂糖にインスタントコーヒーを加え、コーヒーでかために練ったフォンダンを表面に塗る。

1. 10×3cmの棒状に形を整える

2. 両手でころがしながらひも状に伸ばす

1. 両サイドをねじる

2. 最後を指でつまんでとめ合わせる

C O F F E E ✣ B R E A D

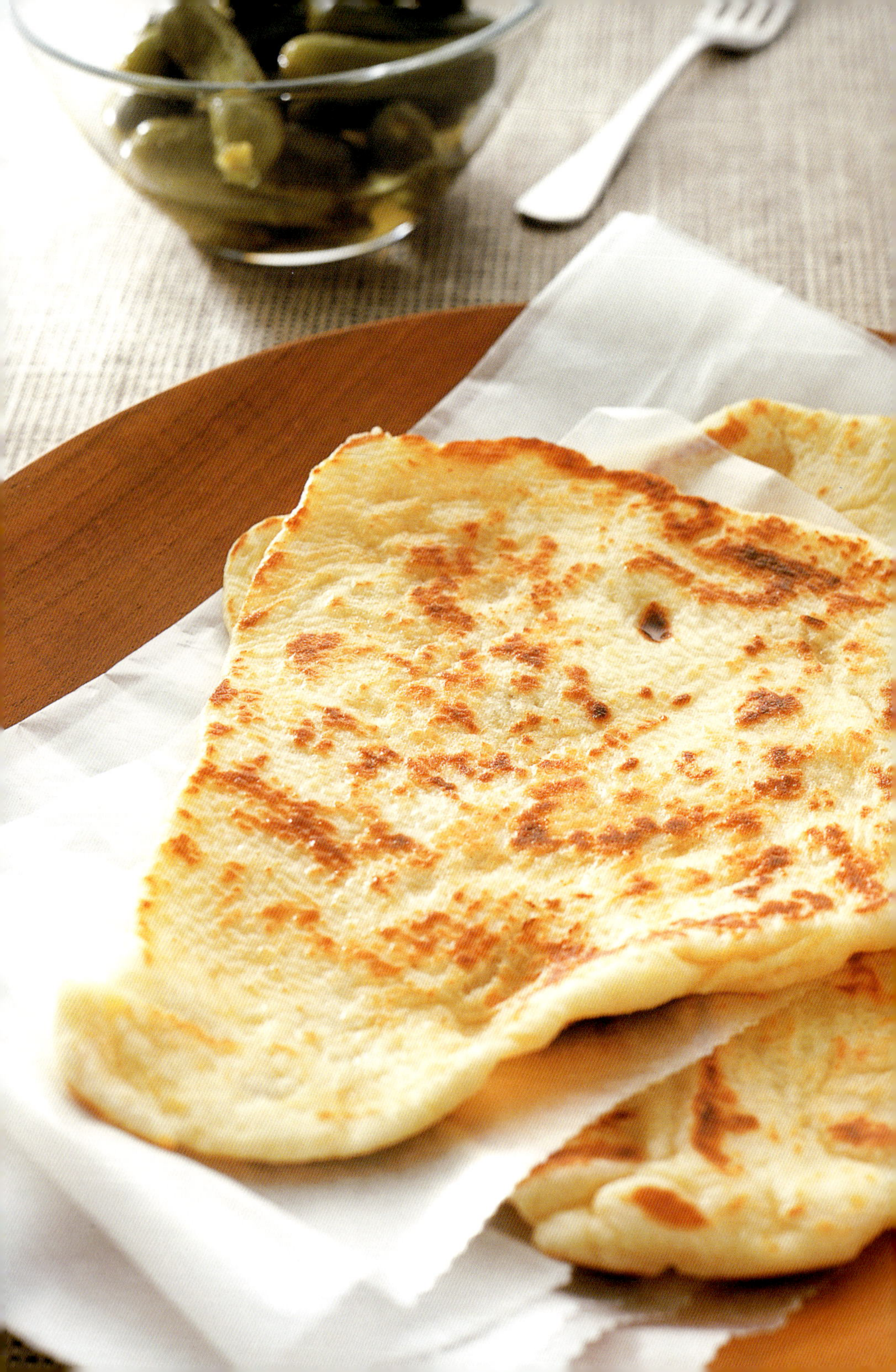

基本の生地を**フライパン**で焼くと

オリエンタルなペッタンコパン。
ナン

1個 **262kcal** 塩分 **0.5g**

材料[**2個分**]
基本の生地(一次発酵したもの)❖全量
打ち粉用の強力粉❖適量
水❖少量
サラダ油❖少量

A　　　H　　　N

作り方

1❖❖❖
まな板に打ち粉をして生地を取り出し、
上からも強力粉をふりかけ、
包丁にも粉を少しつけて、2等分する。

1. 切り口を巻き込むようにして丸く形を整える

2. 閉じ目は指先でつまんでしっかり合わせる

3. 閉じ目を下にして丸める

2 ❖❖❖
切り口を中に巻き込むようにして丸く形を整え、
閉じ目は指先でつまんでしっかり合わせ、
閉じ目を下にして丸める。

3 ❖❖❖
まな板の上に間をあけて並べ、
クッキングシートと水で濡らしたペーパータオルをかぶせ、
2倍の大きさになるまで室温に10〜20分程おく（ベンチタイム）。

4 ❖❖❖
まな板のあいているところに軽く打ち粉をして**3**を置き、
3本の指で軽く押さえてガス抜きをし、
麺棒で二等辺三角形のような形に伸ばす。

5 ❖❖❖
フライパンを中火で温める。

1. 上面に刷毛で水を塗る 　　**2.** フライパンに張りつける 　　**3.** 表面に刷毛でサラダ油を塗る

6 ✤✤✤
4の生地の打ち粉を刷毛ではたき、
そのあと上面に刷毛で水を塗り、
両手で左右に引っぱりながら、
水のついた面を下にしてフライパンに張りつける。
表面に刷毛でサラダ油を塗る。

7 ✤✤✤
中火に絞り、下側の生地に焼き色がついて
焼けてくるとはがれやすくなる。
裏返して、裏も少し色づくまで焼く。

8 ✤✤✤
表面に刷毛で薄くサラダ油を塗り、取り出す。

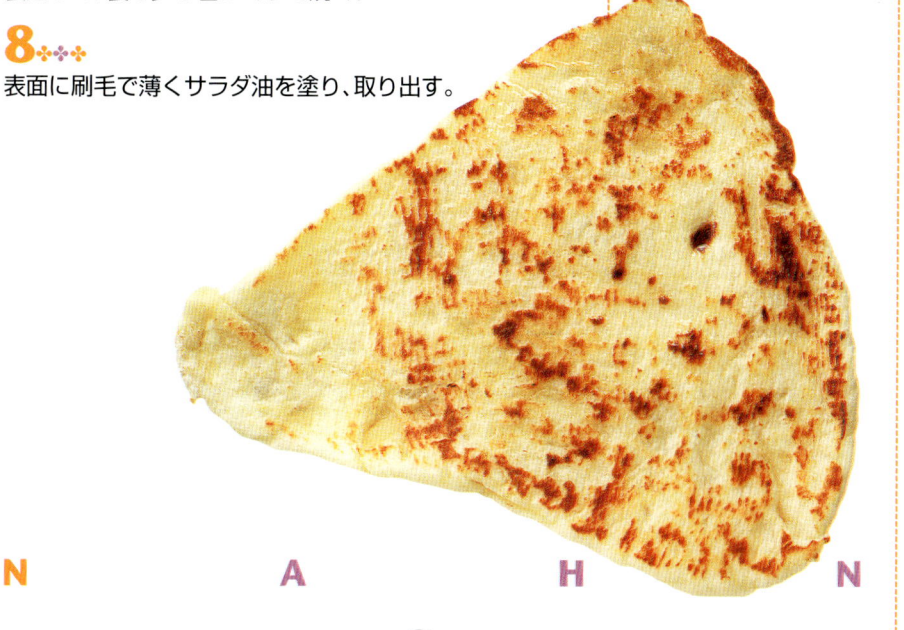

N　　A　　H　　N

基本の
生地を
電子レンジで
蒸すと

皮も中身も全部おいしい！
包子

[1個] [146 kcal] [塩分 1.0g]

材料［**6個分**］
基本の生地（一次発酵したもの）❖ 全量
打ち粉用の強力粉 ❖ 適量

A
- キムチ（辛味のもの）❖ 50g
- むきえび（大きめ）❖ 6個
- 粗びきソーセージ ❖ 2本（1本を3つに切る）
- 甘栗（皮なし）❖ 6個
- ザーサイ（味付）❖ 30g
- 香菜 ❖ 適量

P A O ❖ T Z U

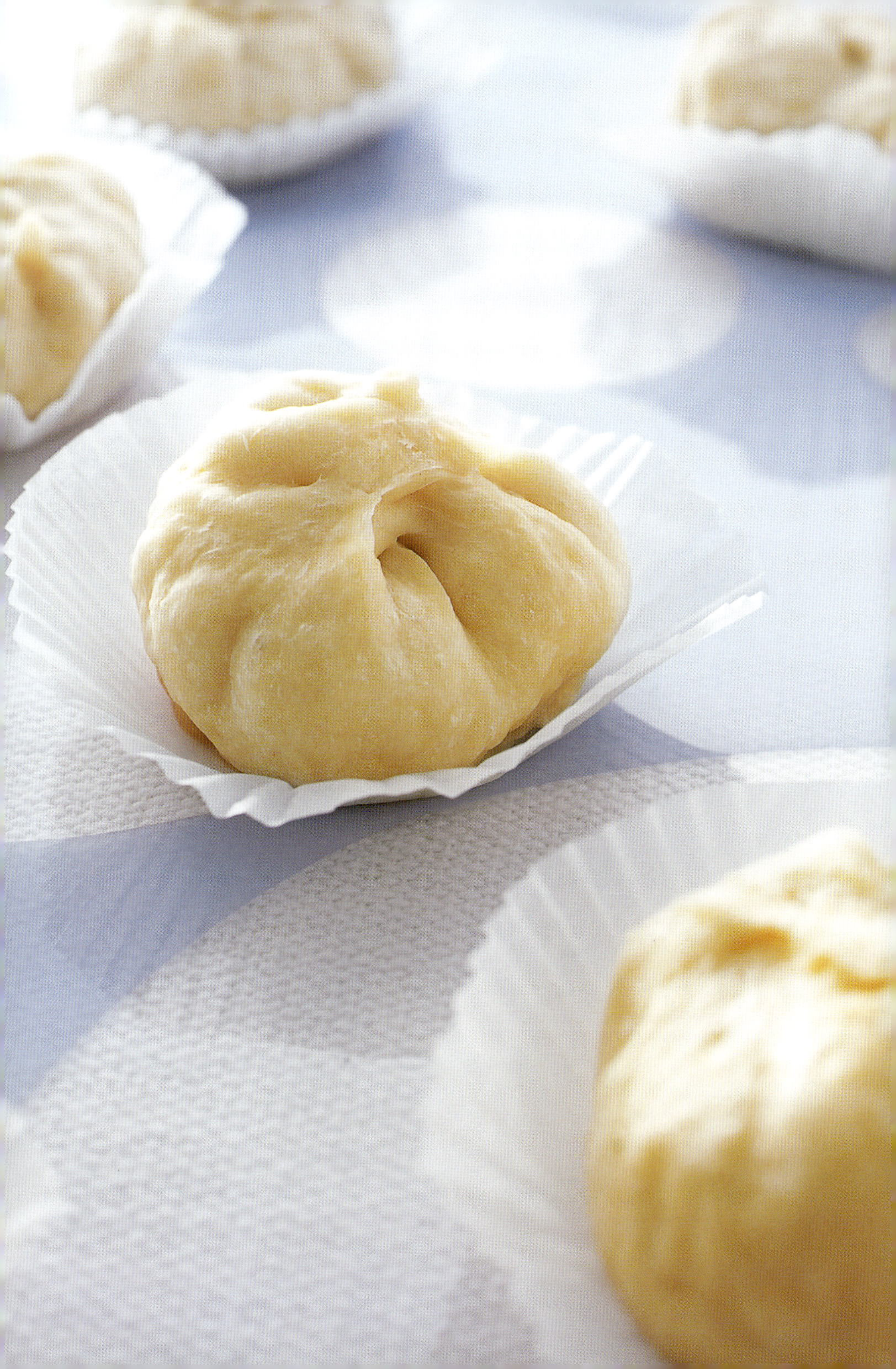

作り方

1
まな板に打ち粉をして生地を乗せ、6等分する。
丸く形を整え、閉じ目はつまんでしっかり合わせる。

2
まな板の上に間をあけて並べ、
クッキングシートと水で濡らしたペーパータオルをかぶせ、
室温に2倍の大きさになるまで10分程おく。
ふくらみが悪いときは、さらに10分おく。

3
軽く打ち粉をしたまな板の上に**2**を置き、
3本の指で押さえて、軽くガス抜きをする。

4
麺棒で直径10cmに伸ばし、**A**の具を1/6ずつ乗せる。
まわりの生地を寄せて合わせ目をしっかり閉じて、
クッキングシートカップに乗せる。

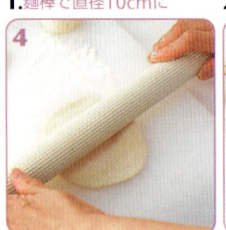

1. 麺棒で直径10cmに
2. 具を1/6ずつ乗せる 
3. まわりの生地を寄せて 
4. 合わせ目をこのようにしっかり閉じる

1. すだれを乗せる　　**2.** すだれの上に**4**を並べる　　**3.** クッキングシートをかける

5 ❖❖❖
ターンテーブルに直径18cmの耐熱の丸皿を乗せて、
熱湯1カップを注ぐ。
上にすだれを乗せ、**4**を並べ、クッキングシートをかける。

6 ❖❖❖
600Wレンジで5分(500W6分)加熱する。

7 ❖❖❖
2倍にふくらんで、
指でさわってみて表面がかたくなっていたら、
でき上がり。

P A O ❖ T Z U

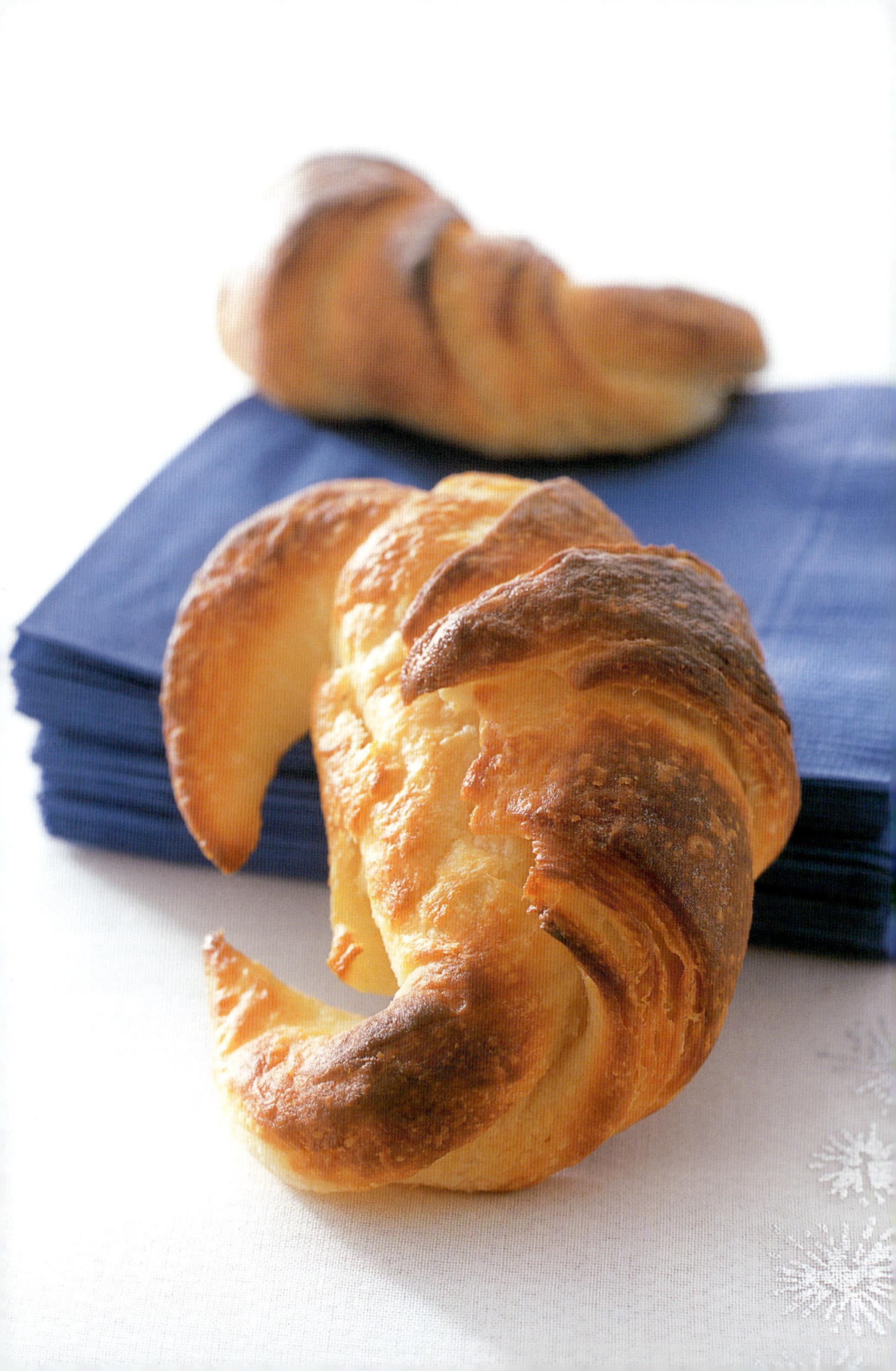

基本の生地に**バター**をはさむと ❶

サクサク感を出すために、小麦粉は強力粉と薄力粉を3：1の割合でブレンドして使う。

クロワッサン

1個 **208kcal** 塩分**0.2g**

材料［4個分］

基本のクロワッサン生地
- 強力粉❖75g
- 薄力粉❖25g
- 牛乳❖75ml
- バターまたはマーガリン❖小さじ2（8g）
- 塩❖小さじ1/5（1g）
- 砂糖❖大さじ1（9g）
- ドライイースト❖小さじ1（4g）

打ち粉用の強力粉❖適量
バター（無塩タイプ）❖40g

C R O I S S A N T

作り方

1 ❖❖❖

強力粉と薄力粉を合わせてふるって、
基本のパン生地と同様に材料を混ぜ、一次発酵をする。

強力粉と薄力粉を合わせてふるう

2.

まな板に打ち粉をして生地を取り出し、
上からも強力粉をふりかけて生地を丸める。

3.

クッキングシートと水で濡らしたペーパータオルをかぶせ、
2倍の大きさになるまで室温に10分程おく(ベンチタイム)。

4.

バターは、冷蔵庫から出したてのものを使う。
25×25cmのクッキングシートにはさんで、
麺棒でたたいて約7cm角にする。

4
1. クッキングシートに
バターをはさんで麺棒でたたく 
2. 7cm角にする

5.

打ち粉をしたまな板の上に**3**の生地を置き、
指で押さえてガスを抜く。
生地の斜めに麺棒をあてて伸ばす。
生地の中央は厚く、四方はツノをはやしたようになる。

5
1. 指で押さえてガスを抜く
2. 生地の斜めに麺棒をあてて伸ばす 
3. 四方はツノをはやしたようになる

6❖❖❖
生地の中央の高い部分に、
4のバターを重なるように乗せる。

7❖❖❖
刷毛で、生地の縁に水を軽く塗る。
これは生地と生地がぴったりとついて、
中に空気を包み込まないようにするためです。

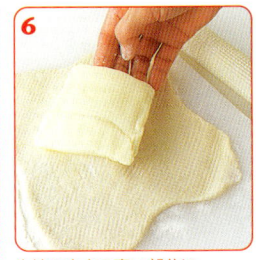

*生地の中央の高い部分に
バターを乗せる*

刷毛で生地の縁に水を塗る

8❖❖❖
生地の一辺を持って、バターを包んでいく。
このとき、焼き上げたとき粉っぽくならないように、
1回ずつ刷毛で生地の余分な打ち粉を払いながら、
重ねていく。

1.生地の一辺を持って
バターを包んでいく

2.1回ずつ刷毛で
生地の余分な打ち粉を払う

9❖❖❖
バターを包み終えたら、
まな板の縁に生地のラインが
平行になるように置きなおす。

*まな板の縁に生地のラインが
平行になるように置き直す*

以下の手順で、幅の3倍の長さになるように、
生地を伸ばして三つ折りの1回目をする。

＊かたいバターがやわらかい生地を破らないように
伸ばすために大切なことは、
麺棒をころがして生地を伸ばすのではなく、
麺棒に体重をかけて生地を押さえながら、
かたいバターとやわらかい生地をなじませる作業を行うこと。

10-1❖❖❖
生地の両面に打ち粉をする。

10-2❖❖❖
生地の中央に麺棒を乗せ、トントントントンと上方に4回、
体重をかけながら、麺棒を移動させる。

10-3❖❖❖
麺棒が上方の端まできたら生地の中央に戻し、
同じようにトントントントンと手前に向かって4回、
体重をかけながら麺棒を移動させる。

10-4❖❖❖
生地を裏返し、表側と同様に体重をかけながら
麺棒を移動させて、生地を縦長に伸ばす。

10-5❖❖❖
ここまでの作業では、
生地の中でバターに凹凸があるので、
麺棒をころがして、平らな生地に仕上げ、
最後に麺棒をころがして
生地の幅と長さが1:3の割合になるように伸ばす。

10-1

10-2
上方に4回麺棒を移動 

10-3 
手前に向かって4回麺棒を移動

10-4
生地を裏返す

1. 麺棒をころがしながら
平らな生地に仕上げる

10-5

2. 生地の幅と長さが
1:3の割合になるよう伸ばす

11 ❖❖❖
刷毛で打ち粉を払いながら、手前の1/3のところから内側に折り返す。反対側の1/3のところから、内側に折り返す。これで、三つ折りの1回目が終了。

1. 手前から1/3　　**2.** 反対側から1/3

12 ❖❖❖
三つ折りになっている生地の面が手前にくるように、置きなおす。

以下の手順で、三つ折りの2回目をする。

13-1 ❖❖❖
生地の中央に麺棒を乗せ、トントントントンと上方に4回、体重をかけながら、麺棒を移動させる。

13-2 ❖❖❖
麺棒が上方の端まできたら生地の中央に戻し、同じようにトントントントンと手前に向かって4回、体重をかけながら麺棒を移動させる。

13-3 ❖❖❖
生地を裏返し、表側と同様に体重をかけながら麺棒を移動させて、生地を縦長に伸ばす。

13-4 ❖❖❖
ここまでの作業では、生地の中でバターに凹凸があるので、麺棒をころがして、平らな生地に仕上げ、最後に麺棒をころがして、生地の幅と長さが1:3の割合になるように伸ばす。

上方に4回麺棒を移動

手前に4回麺棒を移動

1. 麺棒をころがしながら生地を平らに仕上げる

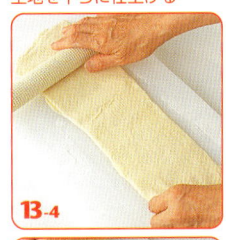

2. 生地の幅と長さが1:3の割合になるように伸ばす

1. 手前1/3のところから
内側に折り返す

2. 反対側の1/3のところから折り返す

14 ❖❖❖

刷毛で打ち粉を払いながら、
手前1/3のところから内側に折り返す。
反対側の1/3のところから、内側に折り返す。
これで、三つ折りの2回目が終了。

15 ❖❖❖

三つ折りになっている生地の面が手前にくるように、
置きなおす。

以下の手順で、三つ折りの3回目をする。

16-1 ❖❖❖

生地の中央に麺棒を乗せ、
トントントントンと上方に4回、
体重をかけながら、麺棒を移動させる。

16-2 ❖❖❖

麺棒が上方の端まできたら生地の中央に戻し、
同じようにトントントントンと手前に向かって4回、
体重をかけながら麺棒を移動させる。

16-3 ❖❖❖

生地を裏返し、
表側と同様に体重をかけながら麺棒を移動させて、
生地を縦長に伸ばす。

上方に4回麺棒を移動

手前に向かって4回麺棒を移動

16-4☘

ここまでの作業では、生地の中でバターに凹凸があるので、
麺棒をころがして、平らな生地に仕上げ、
最後に麺棒をころがして、
生地の幅と長さが1：3の割合になるように伸ばす。

17☘

刷毛で打ち粉を払いながら、手前1/3のところから
内側に折り返す。反対側の1/3のところから、
内側に折り返す。これで、三つ折りの3回目が終了。

＊三つ折りの3回目ともなると、バターがゆるんで生地の間から
にじみ出ることも多いので、そのときにはあわてずに生地を
ラップに包んで、フリーザーにしまって、バターをかたい状態になるまで
10〜15分ねかせてから、伸ばすプロセスに戻ること。

17
1.手前1/3から折る　2.反対側から1/3で折る

18☘

三つ折り3回の作業を終えたら、ラップに包んで
フリーザーで20分ねかせる。フリーザーに入れるのは、
生地を効率よく冷やすことで生地の中のグルテンの力が
弱まること。バターも冷やすことでしまるので、生地を伸ばす
作業がらくになるため。決して凍らすのではありません。

19☘

打ち粉をしたまな板に、
冷やしておいた生地を乗せて、上面にも打ち粉をする。

20☘

幅12cm×長さ24cmの長方形に麺棒で伸ばす。
周囲の多少のデコボコは、包丁でカットして整える。

＊生地を十分に冷やしておいたので、麺棒で伸ばしても縮まらない。
バターが冷えているので、均一の厚みに伸ばしやすい。

1.麺棒をころがしながら平らに仕上げる
16-4

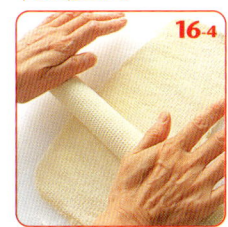

2.生地の幅と長さが1：3の割合になるように伸ばす

19

1.長方形に伸ばす
20

2.デコボコをカットする

1. 縁に切り込みを入れる
2. 包丁をあてて切り離す 
3. 三角形ができる 
4. 正三角形を作る 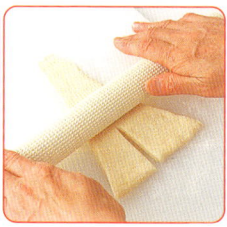

21

生地の縦の縁の両方に、6cm間隔に1〜1.5cm程切り込みを入れる。左右の切り込みに、互い違いに包丁をあてて、切り離す。正三角形3個と、1/2三角形2個ができる。**A**と**B**の1/2三角形を2つ合わせて、正三角形を作る。

以下の手順で成形する。

22-1

切り離した生地のとがった角が上方にくるように、まな板の上に置きなおす。

22-2

生地の中央より上方に麺棒をころがして、2mm厚さに伸ばす。

22-3

麺棒を生地の中央に戻し、斜め左下方にころがして伸ばす。

22-4

麺棒を生地の中央に戻し、斜め右下方にころがして伸ばす。

22-5

長さ約18cmのタワー形に伸びたら、底辺より生地を左右に指で引っ張りながら、伸ばし気味にくるくると巻いていく。

1. 指で引っ張りながら（左）
2. くるくる巻く（右）

1. 巻終わりを下に置きなおす　**2.** 左右の生地を曲げて
三日月を作る

22-6 ❖❖❖
巻き終わりを下にしてまな板に置きなおし、
左右の生地を内側に曲げて、三日月(クレッセント)形にする。
残り3個の生地も同様に成形する。

＊クロワッサンの場合、生地のバターが多いので、
溶かさないように手早く成形することがポイント！

23 ❖❖❖
クッキングシートを敷いた耐熱皿の中央をあけて、
ドーナツ状に生地を並べる。

24 ❖❖❖
上からもクッキングシートをかけ、
ターンテーブルに乗せる。
電子レンジ弱(150〜200W)30秒加熱し、弱い刺激を与える。

25 ❖❖❖
取り出して、クッキングシートごと生地を天板に移し、
上のクッキングシートに
水で濡らしたペーパータオルをかぶせる。
湿ったペーパータオルをかけることで、適度な湿気により
乾燥しにくくなり、生地のふくらみもよくなる。
およそ2倍の大きさになるまで、
室温に10〜20分おく(ベンチタイム)。これで二次発酵終了。

26 ❖❖❖
180〜200℃に温めておいたオーブンに、
ペーパータオルやクッキングシートを
取って入れて10〜12分、
オーブンの中でさらにふくらんできつね色になるまで焼く。

先生教えて！
MURAKAMI SACHIKO PART②

Q1.
クロワッサン生地に包むバターの温度はどのくらいがいいですか？

A.
　冷蔵庫から出したてのバターを使います。5〜10℃くらいのものがいいでしょう。冷んやり固いバターを、クッキングシートやラップにはさんで、麺棒で叩いて1辺7cmの正方形に伸ばします。生地が温かくソフトだからといって、バターを室温にもどしたりしないように。生地に包んで伸ばすとき、バターが溶け出て大変なことになります。

Q2.
クロワッサン生地の冷凍はどうすればいいですか？

A.
1✣クロワッサン生地成形プロセス**22-6**まで終了する。

2✣できるだけ速く凍らせるために、クッキングシートを敷いた金属バットに並べる。

3❖バットごとジッパーつき冷凍バッグに入れて、乾燥防止を。

4❖フリーザーの急冷室に入れる。
または、急冷ボタンを押す。

5❖2時間程で凍ったら、バットをはずし、ジッパーつき冷凍バッグに直接入れる。

6❖口を閉じて冷凍保存。
1カ月をメドに使い切る。

Q3❖❖❖
解凍、発酵、焼き上げはどうすればいいですか？

A❖❖❖

1❖クッキングシートを敷いたターンテーブルの中央をあけて、冷凍のクロワッサン生地をドーナツ状に並べる。

2❖ラップやクッキングシートをかけないで、電子レンジ弱(150〜200W)で、1個につき20〜30秒加熱する。
これで解凍をするとともに、二次発酵の促進のために弱い刺激を与える。

3❖取り出して、クッキングシートを敷いた天板に移し、上にクッキングシートをかけ、その上に水で濡らしたペーパータオルをかぶせて、2倍にふくらむまで室温に20〜30分おく(ベンチタイム)。

4❖そのあとは、常温のクロワッサン生地と同様に焼き上げる。

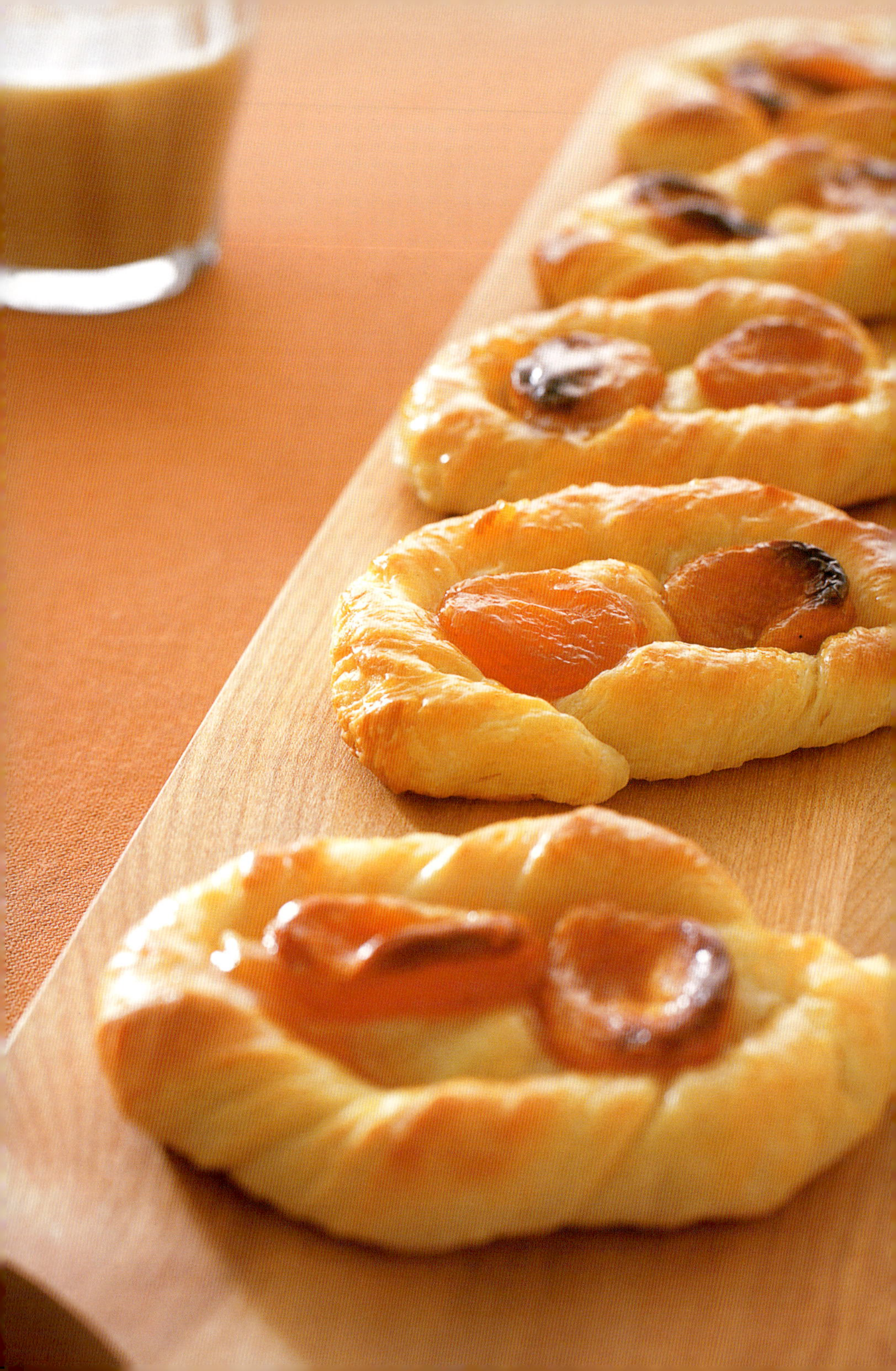

基本の生地に**バター**をはさむと ②

子どもの頃にもどる甘酸っぱい味。

アプリコットデニッシュ

1個 | 158 kcal | 塩分 0.1 g

材料[8個分]
基本のクロワッサン生地(フリーザーで20分ねかせたもの)❖全量
打ち粉用強力粉❖適量
アプリコット❖16個
A［水❖1/2カップ
　砂糖❖大さじ2
　杏ジャム❖大さじ2
　水❖小さじ1/2］

APRICOT ❖ DANISH

作り方

1❖❖❖
耐熱ボウルにアプリコットを入れて、**A**を加え、クッキングシートと小皿の落し蓋をして、電子レンジ600W2分(500W2分20秒)加熱。冷めるまでおく。

1. 4等分する　　　　　　　　2. さらに8等分

2❖❖❖
打ち粉をしたまな板に生地を取り出し、
12×24cmに伸ばす。縦長に4等分し、
さらに2等分して8本のリボン状の生地にする。

3❖❖❖
1本の生地を両手で持ち上げてゆるくねじり、
写真のように長方形にゆるく巻く。
巻き終わりは下の生地に指でぴったりとめる。
残り7個の生地も成形する。

1. ゆるくねじる　　　　　　2. ゆるく巻き、巻き終わりは指でとめる

4❖❖❖
クッキングシートを敷いた耐熱皿にまず4個並べ、
上からもクッキングシートをかけ、
電子レンジ弱(150～200W)10秒加熱して、
弱い刺激を与える。残りの4個も同様にする。

5❖❖❖
取り出して、クッキングシートを敷いた天板に8個並べ、
クッキングシートをかける。
上に濡らしたペーパータオルをかぶせ、
室温に10～20分おく(ベンチタイム)。

6❖❖❖
生地をねかせている間に、
杏ジャムに水を加えてゆるめておく。

7❖❖❖
1のアプリコットを2個ずつ生地に乗せて、
180℃に温めたオーブンで10～12分、
きつね色になるまで焼く。

8❖❖❖
焼き上がったデニッシュを皿に移し、
杏ジャムを刷毛で塗る。

A P R I C O T ❖ D A N I S H

基本の生地に**バター**をはさむと ③

レアチーズケーキとデニッシュが、合体。

クリームチーズデニッシュ

1個 | 325 kcal | 塩分 0.4g

材料 [4個分]
基本のクロワッサン生地（フリーザーで20分ねかせたもの）✤全量
打ち粉用強力粉✤適量
溶き卵✤適量
チーズクリーム
　クリームチーズ✤100g
　砂糖✤大さじ1
　レモン汁✤小さじ1
ブルーベリージャム✤大さじ2
粉砂糖✤少々

CREAM CHEESE ✤ DANISH

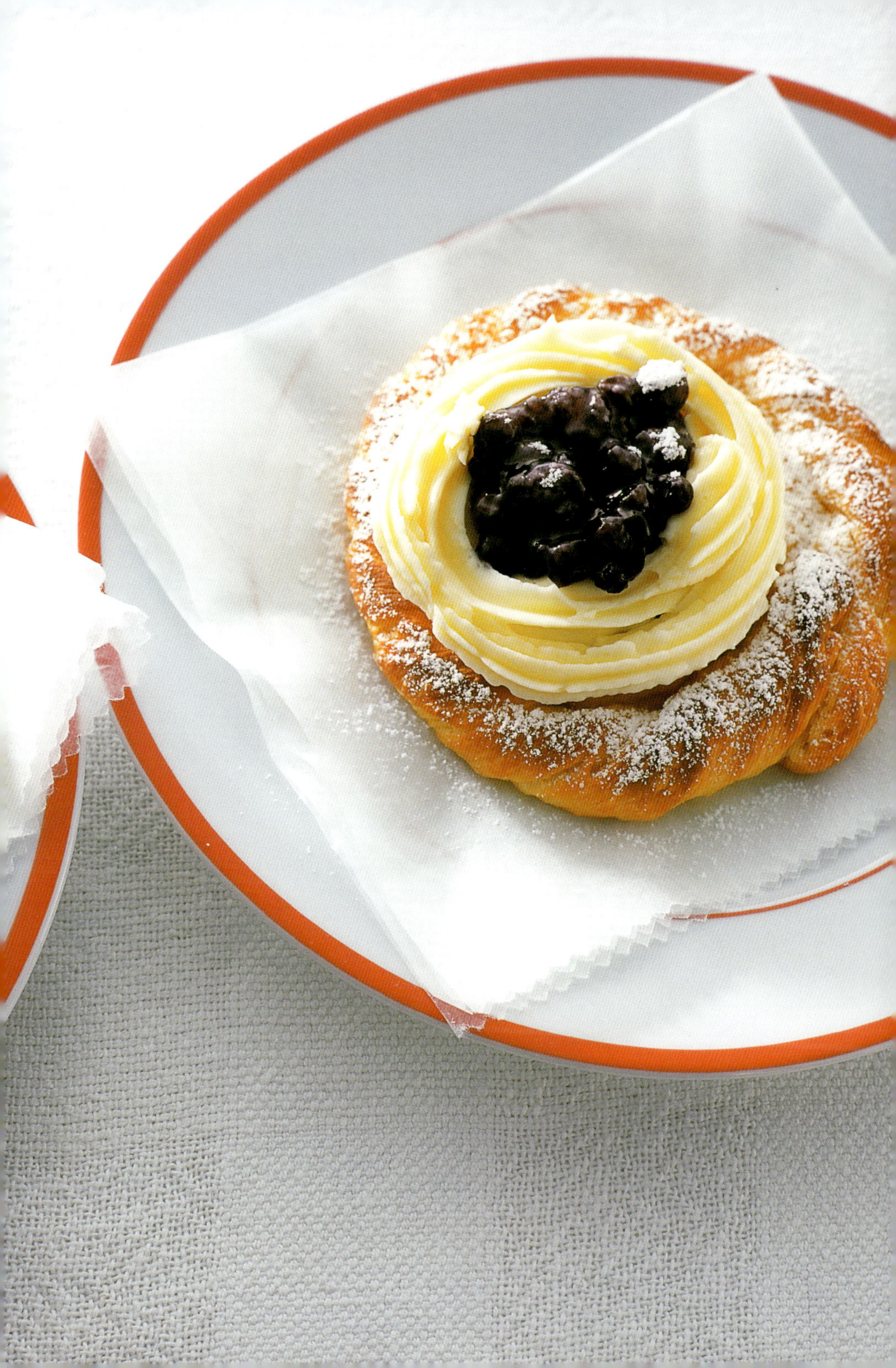

作り方

1 ✤✤✤

打ち粉をしたまな板に生地を取り出し、12×24cmに伸ばす。縦長に4等分し、さらに2等分して8本のリボン状の生地にする。

1. 12×24cmに伸ばす
2. 4等分する 
3. 8本にする 

2 ✤✤✤

1本の生地を両手で持ち上げてゆるくねじり、渦巻き状にゆるく巻く。
もう1本もねじって、渦巻きにつづけて巻く。
巻き終わりは下にはさみ込む。
残り3個の渦巻き生地を作る。

1. ゆるくねじる
2. ゆるく巻く 
3. もう1本も巻く 
4. 巻終わりは下にはさむ

CREAM CHEESE ✤ DANISH

3✤✤✤
クッキングシートを敷いた耐熱皿に並べ、
上からもクッキングシートをかけ、
電子レンジ弱(150～200W)30秒加熱して、
弱い刺激を与える。

4✤✤✤
取り出して、下に敷いたクッキングシートごと天板に移し、
(上のシートもそのまま)上に濡らしたペーパータオルをかぶせ、
室温に10～20分おく(ベンチタイム)。
これで二次発酵終了。

5✤✤✤
ペーパータオルとクッキングシートを取り、
180℃に温めたオーブンで10～12分、
きつね色になるまで焼く。

6✤✤✤
焼いている間にクリームチーズ、砂糖、
レモン汁を合わせて、
泡立て器でなめらかになるまで混ぜておく。

7✤✤✤
ジッパー袋を斜めに折って、端をセロテープでとめる。
口金を隅に押し込み、はさみで1.5cm程角を切り、
口金をセットする。**6**のチーズクリームを詰める。

8✤✤✤
焼き上がったデニッシュを皿に移し、
チーズクリームを絞り出し、
ブルーベリージャムを乗せ、粉砂糖を茶こしでふりかける。

基本の生地に**バター**をはさむと ④

中にも外にもシナモンシュガーいっぱい。

シナモンロールデニッシュ

1個 | 123kcal | 塩分0.1g

材料[**8個分**]
基本のクロワッサン生地(フリーザーで20分ねかせたもの)❖全量
打ち粉用強力粉❖適量
シナモンシュガー[合わせて混ぜておく]
　粉砂糖❖大さじ2
　砂糖❖大さじ2
　シナモン(粉)❖小さじ1

CINNAMON ❖ ROLL ❖ DANISH

作り方

1 ❖❖❖

打ち粉をしたまな板に生地を取り出し、12×25cmに伸ばす。

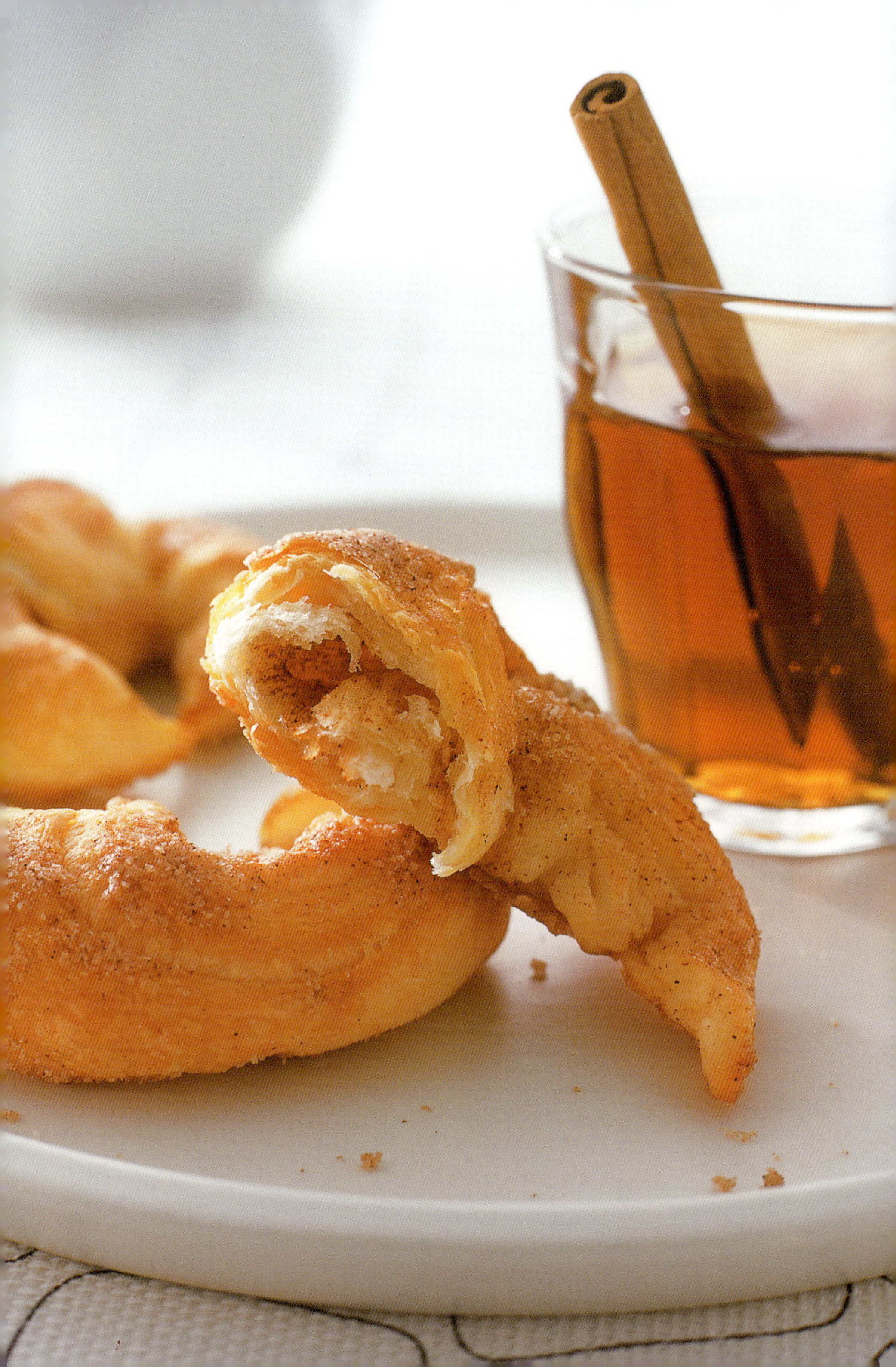

2❖❖❖
生地を正方形に2等分し、
さらに斜めに十文字に切ってそれぞれを4等分する。

以下の手順で成形する。

3-1❖❖❖
切り離した二等辺三角形の生地の頂点が上方にくるように、
まな板の上に置きなおす。

3-2❖❖❖
生地の中央より上方に麺棒をころがして、
2mm厚さに伸ばす。

3-3❖❖❖
麺棒を生地の中央に戻し、斜め左下方にころがして伸ばす。

3-4❖❖❖
麺棒を生地の中央に戻し、斜め右下方にころがして伸ばす。

3-5❖❖❖
長さ約12cmのタワー形に伸びたら、
シナモンシュガーをふりかける。
底辺より生地を左右に指で引っ張りながら、
伸ばし気味にくるくると巻いていく。

1. シナモンシュガーをふりかける
2. くるくる巻く

CINNAMON❖ROLL❖DANISH

1. 巻き終わりを下にする **2.** 三日月形にする

3-6 ❖❖❖
巻き終わりを下にしてまな板に置きなおし、
左右の生地を内側に曲げて、三日月(クレッセント)形にする。
残り7個の生地も同様に成形する。

4 ❖❖❖
クッキングシートを敷いた耐熱皿に生地を並べる。
上から、残ったシナモンシュガーをかけて、
スプーンの背でなでて押さえる。

5 ❖❖❖
上からもクッキングシートをかけて、
ターンテーブルに乗せる。
電子レンジ弱(150～200W)30秒加熱して、
弱い刺激を与える。

6 ❖❖❖
取り出して、クッキングシートごと生地を天板に移し
(上のシートもそのまま)、その上に水で濡らした
ペーパータオルをかぶせる。
2倍の大きさになるまで、
室温に10～20分おく(ベンチタイム)。これで二次発酵終了。

7 ❖❖❖
ペーパータオルとクッキングシートを取り、
180～200℃に温めておいたオーブンに入れて
10～12分、オーブンの中でさらにふくらんで
きつね色になるまで焼く。

基本の生地に**バター**をはさむと ⑤

ツナとタマネギの食感とサクサク生地の食感が合う。

ツナマヨデニッシュ

1個 | 318kcal | 塩分 0.7g

材料 [4個分]
基本のクロワッサン生地（フリーザーで20分ねかせたもの）✣ 全量
打ち粉用強力粉 ✣ 適量
溶き卵 ✣ 適量

ツナマヨ
- ツナフレーク ✣ 1缶（80g）
- 玉ねぎ ✣ 1/2個（みじん切り）
- パセリ ✣ 1本（みじん切り）
- 塩、こしょう ✣ 各少々
- マヨネーズ ✣ 大さじ1

飾り用マヨネーズとパセリのみじん切り ✣ 少々

TUNA ✣ AND ✣ MAYONNAISE ✣ DANISH

作り方

1 ✣✣✣
耐熱ボウルに玉ねぎを入れて、ラップをして電子レンジ600W2分（500W2分30秒）加熱して冷ます。ボウルにツナマヨの材料をすべて入れて、混ぜておく。

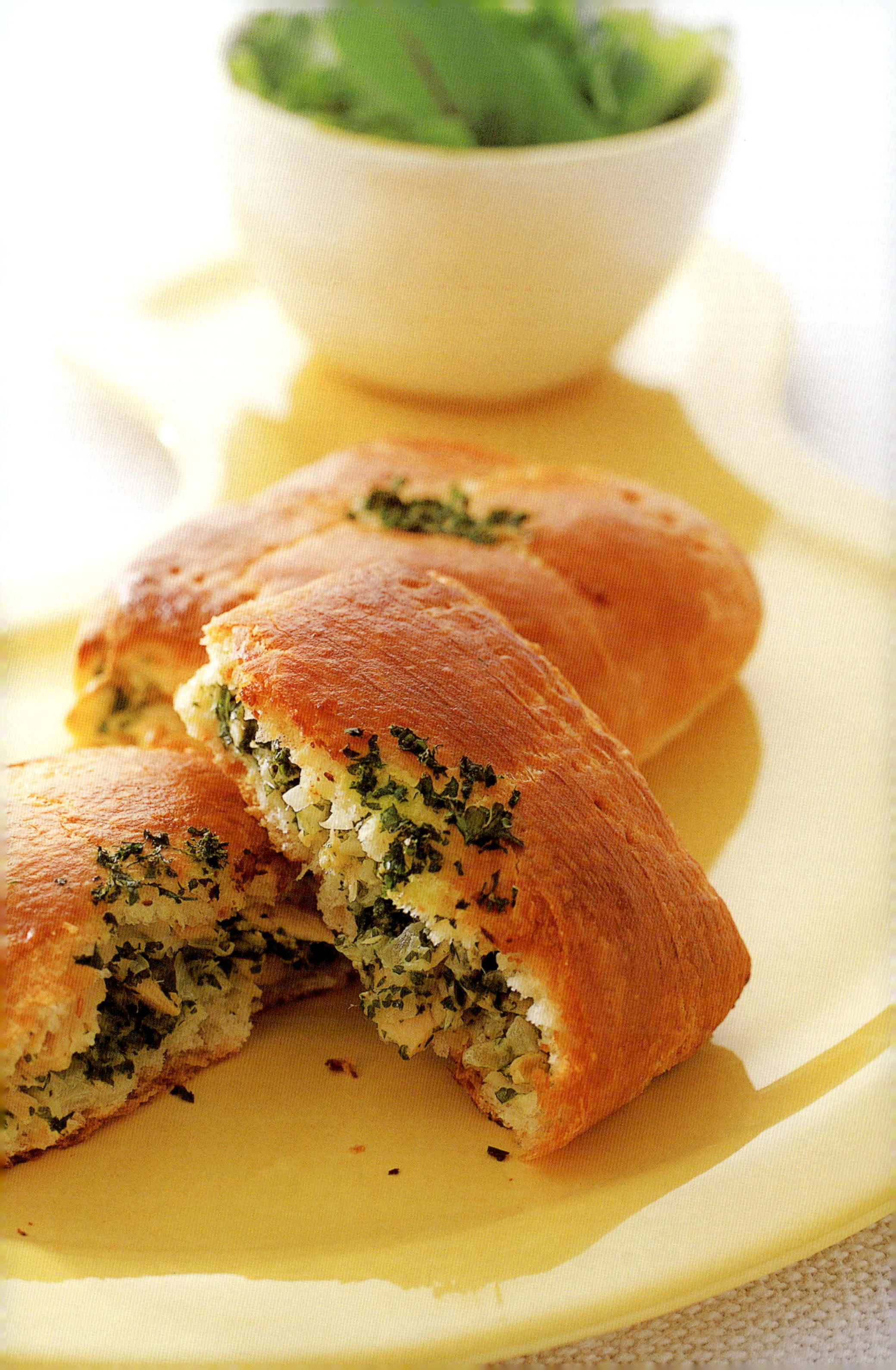

2 ✧✧✧
打ち粉をしたまな板の上で、12×24cmに伸ばした生地を、
さらに4等分して、6×12cmのものを4枚作る。

3 ✧✧✧
それぞれを10×16cmに伸ばし、
余分な打ち粉を刷毛で落とす。

4 ✧✧✧
縁に溶き卵を塗り、中央にツナマヨの1/4を乗せる。
2つに折って閉じ合わせ、合わせ目を中央に持ってきて、
指でしっかりとめて、上下も指でとめ、裏返す。
フォークで上下を押さえて、
中身の汁が流れ出ないようにする。

1.縁に溶き卵を塗る
2.中央にツナマヨを置く 
3.2つに折って閉じ合わせる 
4.しっかりとめる 
5.フォークで押さえて、中身の汁が出ないようにする 

TUNA ✧ AND ✧ MAYONNAISE ✧ DANISH

5 ❖❖❖
クッキングシートを敷いた耐熱皿に並べ、
上からもクッキングシートをかけ、
電子レンジ弱(150〜200W)30秒加熱して、
弱い刺激を与える。

6 ❖❖❖
取り出して、下に敷いたクッキングシートごと
天板に移し(上のシートもそのまま)、
上に濡らしたペーパータオルをかぶせ、
室温に10〜20分おく(ベンチタイム)。
これで二次発酵終了。

7 ❖❖❖
余分な打ち粉を刷毛で落とし、溶き卵を塗る。

8 ❖❖❖
表面に4〜5cm長さの切り込みをカッターで1本入れる。
マヨネーズをミニポリ袋に入れて、
隅をはさみで切って溝に絞り、
パセリのみじん切りを乗せる。

1. カッターで切り込みを入れる 　　2. 溝にマヨネーズを絞る 　　3. パセリを乗せる

9 ❖❖❖
180℃に温めたオーブンで12〜15分、
きつね色になるまで焼く。

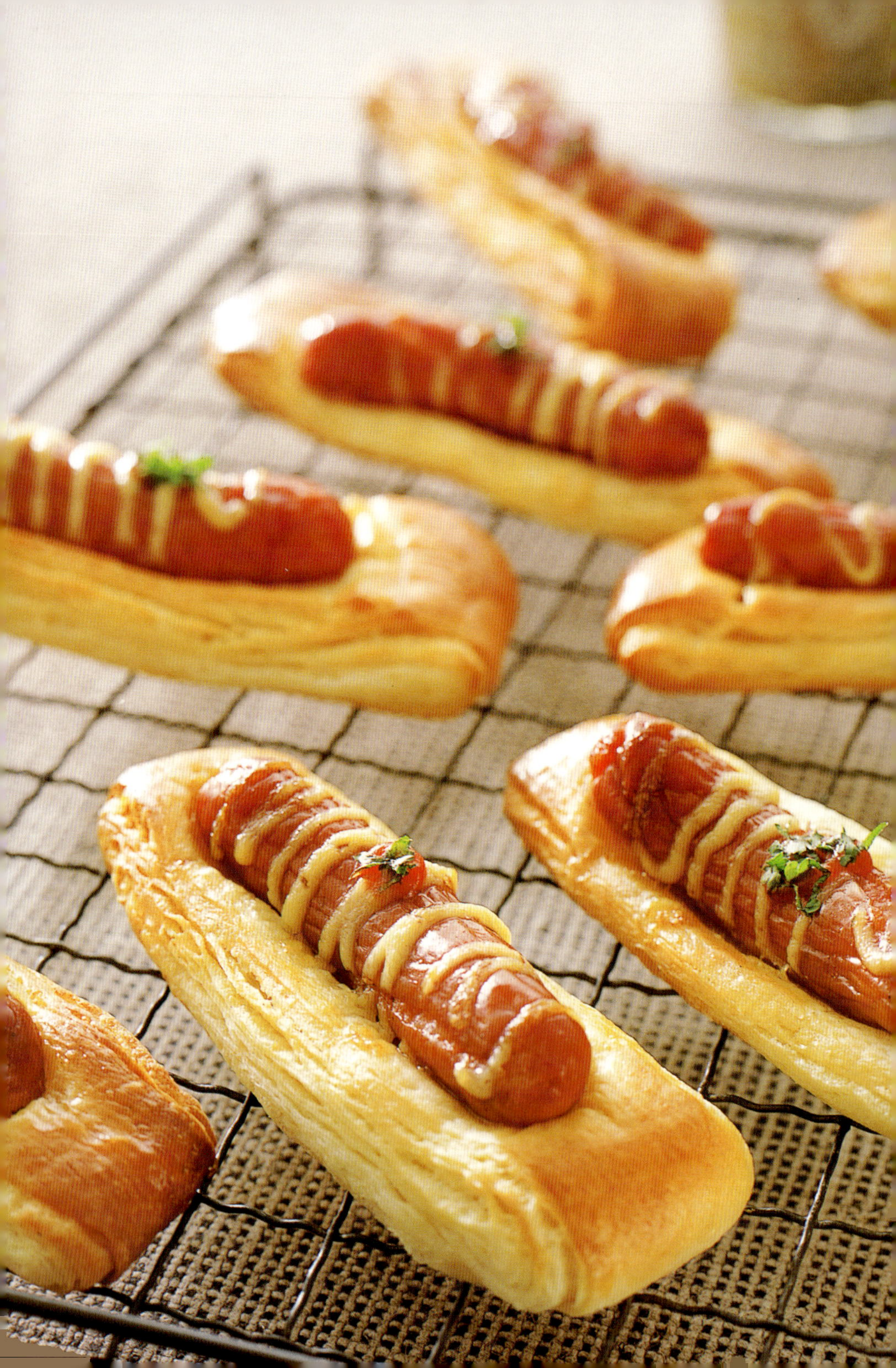

基本の生地に**バター**をはさむと ❻

ウィンナーの焼けた皮がパリパリッ!

ウィンナーデニッシュ

1個 165kcal　塩分 0.5g

材料［8個分］
基本のクロワッサン生地(フリーザーで20分ねかせたもの)❖全量
打ち粉用強力粉❖適量
ウィンナー❖8本
マヨネーズ❖少量
ケチャップ❖少量
パセリ(みじん切り)❖少量
照り用の溶き卵❖少量

WIENER ❖ DANISH

作り方

1✿✿✿
打ち粉をしたまな板に生地を取り出し、
12×24cmに伸ばす。
さらに3×12cmのもの8枚に切る。

2✿✿✿
それぞれを6×12cmに伸ばし、
余分な打ち粉を刷毛で払う。

3✿✿✿
生地の中央にカッターで1本切り込みを入れて、
上にウィンナーを縦長に1本ずつ乗せる。

1.中央に切り込みを入れる　　2.ウィンナーを乗せる

4✿✿✿
クッキングシートを敷いた皿に並べ、
上からもクッキングシートをかけ、
電子レンジ弱(150〜200W)30秒加熱して、
弱い刺激を与える。

5✿✿✿
取り出して、下に敷いたクッキングシートごと
天板に移し(上のシートもそのまま)、
上に濡らしたペーパータオルをかぶせ、
室温に10〜20分おく(ベンチタイム)。
これで二次発酵終了。

6

溶き卵を刷毛で生地に塗り、マヨネーズをポリ袋に入れ、隅を1mm程切って、ウィンナーの上に絞り出す。

7

180℃に温めたオーブンで10～12分、きつね色になるまで焼く。

8

取り出して、中央にケチャップを少量置き、パセリのみじん切りを乗せる。

W I E N E R ✢ D A N I S H

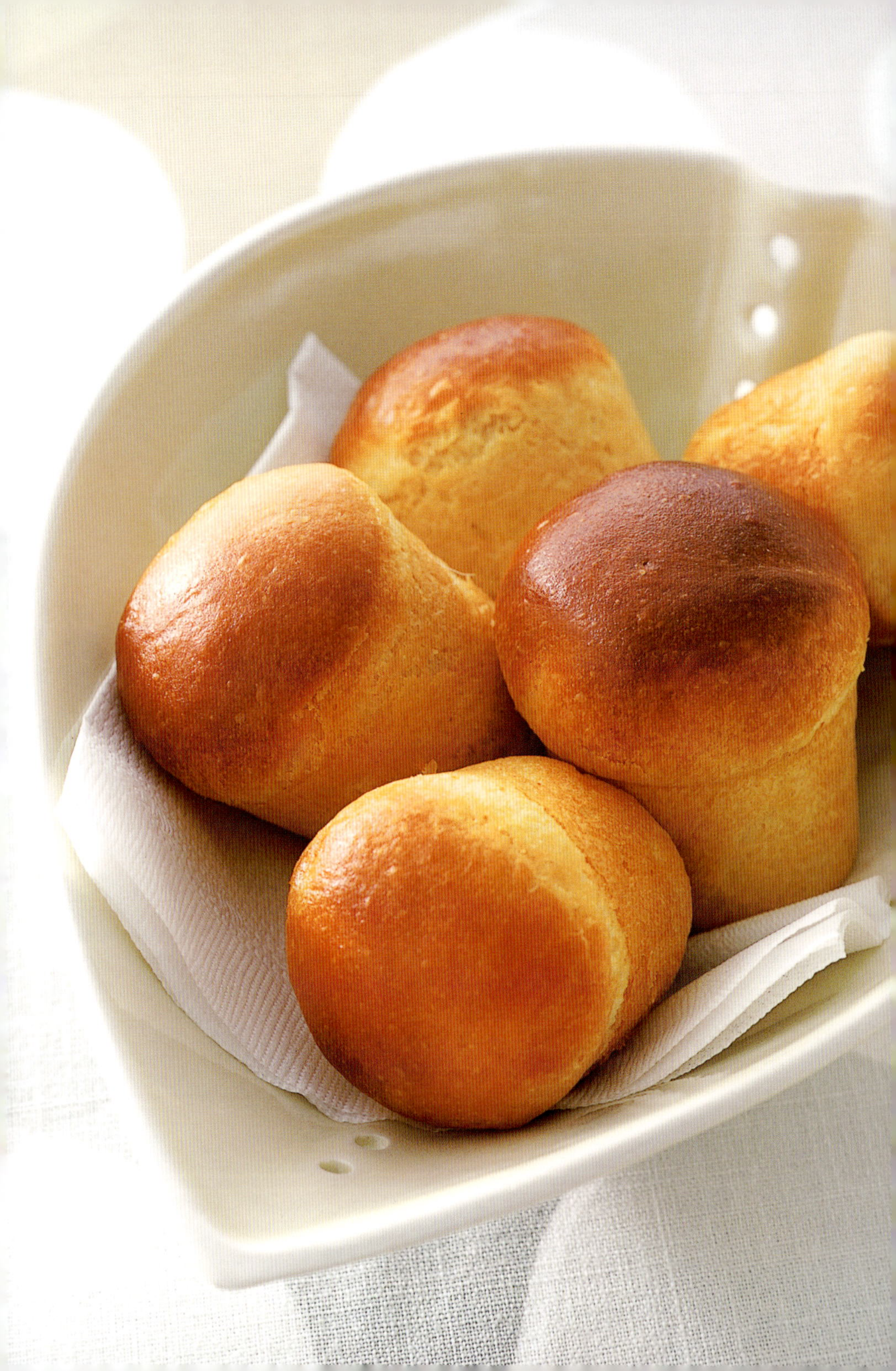

基本の生地に
**溶き卵と
バターを
加えると**
①

卵とバターの香りいっぱい…。

ブリオッシュ

1個 **147kcal** 塩分 **0.2g**

材料［プリン型・5個分］

**基本の
ブリオッシュ
生地**
｜ 強力粉✤85g　薄力粉✤15g
｜ 牛乳✤30ml　バター✤20g
｜ 塩✤小さじ1/5　砂糖✤20g
｜ ドライイースト✤小さじ1（4g）　溶き卵✤小1個（50g）

打ち粉用の強力粉✤適量　照り用のバター✤小さじ1〜2

B　R　I　O　C　H　E

作り方

1 ✤✤✤

最初にプリン型の内側に薄くバターを塗っておく。
強力粉と薄力粉を合わせてふるっておく。
直径14cmの耐熱樹脂ボウルに牛乳とバターを入れ、
ラップをかけずに電子レンジ強（600W）で
20秒（500W30秒）加熱する。

1. 内側にバターを塗る　　**2.** 強力粉と薄力粉をふるう

塩、砂糖を混ぜたら
溶き卵を加えて混ぜる

2
取り出して泡立て器でバターを溶かす。
このとき牛乳が人肌(37℃くらい)以上のときは、
冷ましてください。
温度が高いとイーストが働かなくなってしまいます。
ドライイーストを加え、さらによく混ぜる。
塩、砂糖を混ぜたら、溶き卵を加えて混ぜ、
小麦粉の1/3量を加えて、
だまができないようになるまで泡立て器で混ぜる。

3
残りの強力粉を加えて、箸でぐるぐると混ぜる。
箸で持ち上げたとき、ひとかたまりになっていればよい。
生地はやわらかめです。
ここで力いっぱい混ぜないほうが、
電子レンジの発酵はスムーズにいきます。

4
ボウルにクッキングシートをかけて、
電子レンジ弱(150〜200W)で30秒加熱する。
これで一次発酵終了。

5
取り出して、クッキングシートの上に
水で濡らしたペーパータオルをかぶせて、
室温に10〜20分おく(ベンチタイム)。

6
ゴムべらで生地をつぶしてガス抜きをして、
打ち粉をしたまな板の上に取り出す。

ゴムべらで生地をつぶす

BRIOCHE

1. ゴムべらで5分割する　　**2.** 手で丸める　　**3.** 丸めて、閉じ目を下にして用意のプリン型に入れる。

7 ❖❖❖
ゴムべらで5分割して、
手で丸め、閉じ目を下にして用意のプリン型に入れる。

8 ❖❖❖
5個一緒に皿に並べ、クッキングシートをかけて、
電子レンジ弱(150〜200W)で1分加熱。
＊金属ケースに入れているので、発酵時間は30秒より長くなる。

9 ❖❖❖
取り出して、クッキングシートの上に水で濡らした
ペーパータオルをかぶせ、2倍の大きさになるまで室温に
20〜30分おく(ベンチタイム)。これで二次発酵終了。

10 ❖❖❖
天板に乗せ、180℃に温めておいた
オーブンの下段に入れ、15〜20分焼く。

11 ❖❖❖
ブリオッシュが熱いうちに表面に
バターをうすく塗り、つやをつける。
こうすると乾燥防止にもなる。

基本の生地に
**溶き卵と
バター**を
加えると
②

イタリアのクリスマスにはかかせない。
パネトーネ

1個　878 kcal　塩分 1.4g

材料［**内径12cm高さ7.5cmの耐熱ガラスボウル・1個分**］
ブリオッシュ生地(p89参照)❖全量
ドライフルーツ
　アプリコット(ソフトドライ)❖4個
　オレンジピール❖2かけ
　カレンツ(またはレーズンを細かくきざんで)❖大さじ2
　ドレンチェリー❖1個
粉砂糖❖少量
柊の葉❖1枚

P A N E T T O N E

作り方

1 ❖❖❖
アプリコットとオレンジピールは、細かくきざみ、カレンツと合わせる。

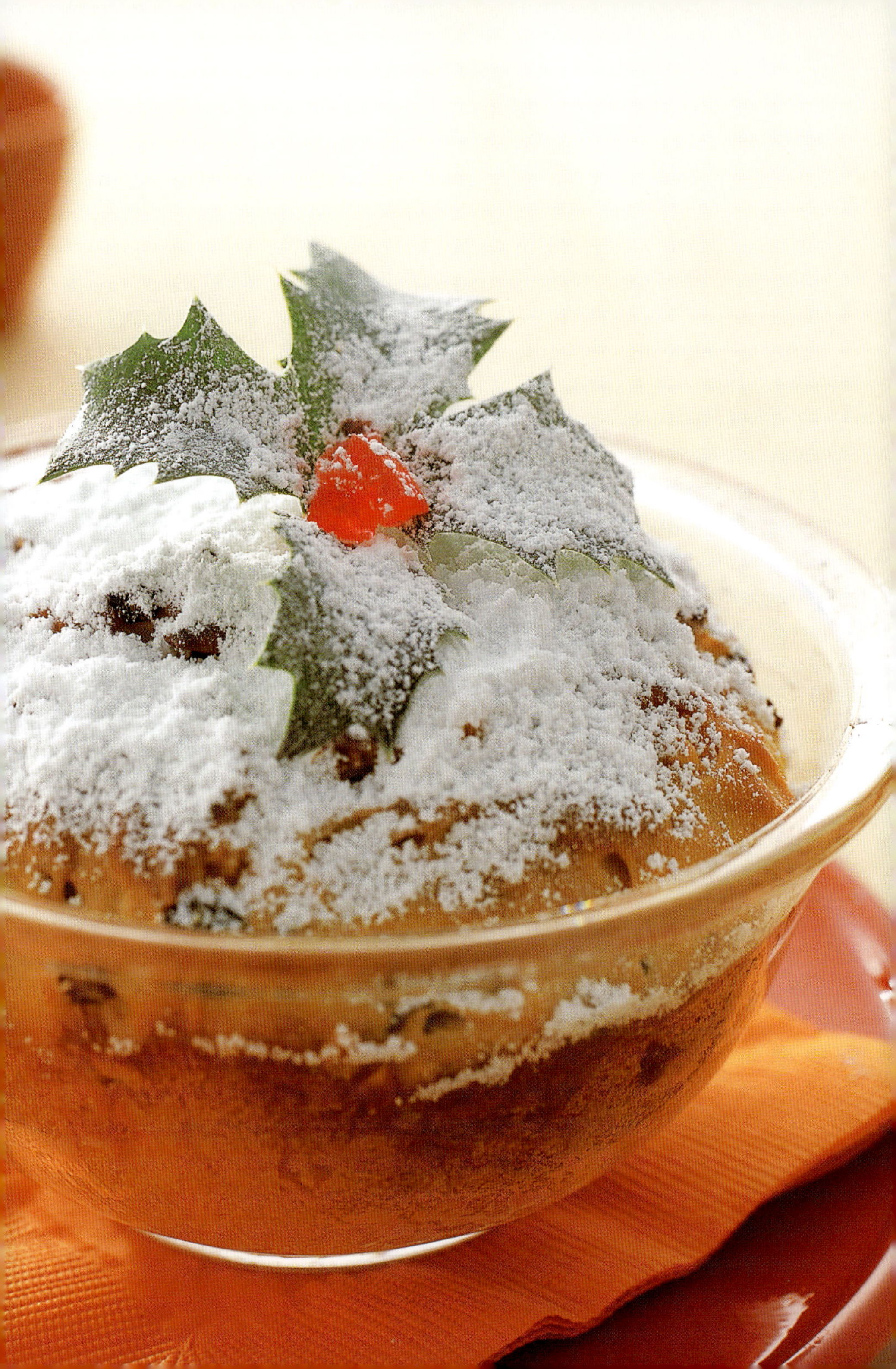

1. ドライフルーツを混ぜる　　**2.** 箸でまとまる程度に混ぜる　　**3.** 電子レンジ弱で30秒加熱

2 ❖❖❖
ブリオッシュ生地を作る際、2回目の小麦粉を加えるとき、
ドライフルーツも加え、箸でまとまる程度に混ぜる。
器にクッキングシートをかけて、
電子レンジ弱で30秒加熱する。これで一次発酵終了。

3 ❖❖❖
一次発酵した生地のクッキングシートの上から、
水で濡らしたペーパータオルをかぶせて、
2倍の大きさになるまで室温に20分おく(ベンチタイム)。

4 ✦✦✦
ゴムべらでふくらんだ生地をつぶしながら
ひとまとめにする。

5 ✦✦✦
クッキングシートをかけて、
電子レンジ弱(150～200W)で30秒加熱。

6 ✦✦✦
取り出して、クッキングシートの上に
水で濡らしたペーパータオルをかぶせ、
2倍の大きさになるまで室温に20～30分おく(ベンチタイム)。
これで二次発酵終了。

7 ✦✦✦
ペーパータオルとクッキングシートを取って天板に乗せ、
180℃に温めておいたオーブンの下段に入れ、
15～20分焼く。

8 ✦✦✦
粗熱が取れたら、
ボウルの上から茶こしに入れた粉砂糖をふりかける。
クリスマス用には
柊の葉ときざんだドレンチェリーを飾ってもよい。

4
ゴムべらでふくらんだ
生地をつぶしながら
ひとまとめにする

P A N E T T O N E

村上祥子
むらかみさちこ

福岡県生まれ。福岡女子大学家政学科卒業。管理栄養士。
東京と福岡にクッキングスタジオを主宰し、テレビ出演、出版、講演、商品開発、母校の大学の講師と幅広く活躍。自称"空飛ぶ料理研究家"。豊富なレシピとシンプルで手早い調理法には定評がある。
著書に『村上祥子の電子レンジ30秒発酵! おうちでらくらく40分で焼きたてパン』
『村上祥子の電子レンジらくらくクッキング』『糖尿病のための絶対おいしい献立』
『今日から使える 手抜き冷凍保存手帖』(いずれもブックマン社)などがある。

空飛ぶ料理研究家・村上祥子のホームページ
JAPAN:http://www.murakami-s.com
U.S.A:http://www.sachikocooking.com

(株)ムラカミアソシエーツ
柿崎朋子
加藤治子
児玉貴子
古城佳代子

アートディレクション
日下充典

イラストレーション
小峯聡子

デザイン
KUSAKAHOUSE[神保由香]

撮影
松本祥孝

スタイリング
中安章子

村上祥子のらくらくシリーズ

村上祥子の
電子レンジでらくらくパン作り

2002年11月15日初版第 1 刷発行
2010年 5 月17日初版第10刷発行

著者
村上祥子

発行者
木谷仁哉

発行所
株式会社ブックマン社
〒101-0065東京都千代田区西神田3-3-5　tel.03-3237-7777　http://www.bookman.co.jp

印刷所
図書印刷

ISBN978-4-89308-513-9　Printed in Japan
定価はカバーに表示してあります。乱丁、落丁本はお取り替え致します。
許可なく複製・転載及び部分的にもコピーすることを禁じます。
ⓒSachiko Murakami 2002.